智能网联汽车技术入门一本通

彩色版

程增木 ◎ 主编

机械工业出版社
CHINA MACHINE PRESS

本书以智能网联汽车技术为主线，共分为四篇，包括基础篇、网联技术篇、智能驾驶篇和前瞻技术篇，介绍了智能网联汽车及相关技术概念、智能网联汽车车载网络技术、智能网联汽车无线通信技术、智能网联汽车高级驾驶辅助系统、智能网联汽车环境感知技术、智能网联汽车定位导航技术、智能网联汽车路径规划技术、智能网联汽车V2X技术、智能网联汽车大数据和云平台技术。

本书的特点是理论结合相关实践，讲述的相关技术均为目前最新技术，相关方案为主流车企使用的主流方案，以奔驰、奥迪、起亚、比亚迪等常见车型为应用案例，从基本概念入手，介绍各种技术的相关原理、发展现况以及实际应用案例，并配有图片进行说明。

本书内容通俗易懂，深入浅出，适合作为智能网联汽车技术的入门书籍，也可作为本科院校、大专院校、高职院校车辆工程等专业学生的教材。

图书在版编目（CIP）数据

智能网联汽车技术入门一本通 / 程增木主编 . — 北京：机械工业出版社，2021.4（2022.1重印）
ISBN 978-7-111-67861-8

Ⅰ. ①智⋯ Ⅱ. ①程⋯ Ⅲ. ①汽车 – 智能通信网
Ⅳ. ① U463.67

中国版本图书馆CIP数据核字（2021）第054905号

机械工业出版社（北京市百万庄大街22号　邮政编码100037）
策划编辑：齐福江　　　责任编辑：齐福江　王　婕
责任校对：张　力　　　封面设计：马精明
责任印制：常天培
北京中科印刷有限公司印刷

2022年1月第1版第2次印刷
184mm×260mm・11.5印张・270千字
2001 — 3900册
标准书号：ISBN 978-7-111-67861-8
定价：69.00元

电话服务　　　　　　　　网络服务
客服电话：010-88361066　　机 工 官 网：www.cmpbook.com
　　　　　010-88379833　　机 工 官 博：weibo.com/cmp1952
　　　　　010-68326294　　金 书 网：www.golden-book.com
封底无防伪标均为盗版　机工教育服务网：www.cmpedu.com

前言

Preface

随着信息化与汽车的深度融合,汽车正在从传统的交通运输工具转变为新型的智能出行载体,发展智能网联汽车对一个国家而言具有战略意义,智能网联汽车已经成为汽车行业未来发展的重要方向。

2020年,工业和信息化部正式发布了《2020年智能网联汽车标准化工作要点》。文件指出,2020年是完成智能网联汽车标准体系建设第一阶段目标的收官之年,也是下一阶段工作谋篇布局之年。2020年智能网联汽车标准化工作,将以推动标准体系与产业需求对接协同、与技术发展相互支撑,建立国标、行标、团标,协同配套新型标准体系为重点,促进智能网联汽车技术快速发展和应用,充分发挥标准的引领和规范作用,支撑我国汽车产业转型升级和高质量发展。

本书全面系统地讲解了智能网联汽车的相关定义及新技术。全书分为基础篇、网联技术篇、智能驾驶篇和前瞻技术篇四篇,共九章。

基础篇包括第一章,介绍了智能网联汽车的相关概念、系统构成、分级、发展现况、关键技术和中国智能网联汽车的发展目标。

网联技术篇包括第二章和第三章。第二章介绍了智能网联汽车车载网络的类型及分类、CAN总线网络技术、LIN总线网络技术、FlexRay总线网络技术、MOST总线网络技术和车载以太网。第三章介绍了无线通信技术的定义及分类,并介绍了当前应用于智能网联汽车的4G网络技术、蓝牙技术、Wi-Fi技术、IrDA技术、RFID技术、NFC技术和OTA技术。

智能驾驶篇包括第四章,主要介绍了高级驾驶辅助系统的定义及类型和新型应用传感器及技术、前向碰撞预警系统、自适应巡航控制系统、车道偏离报警

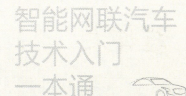

系统、车道保持辅助系统、车道跟随辅助系统、车辆盲区监测系统、车辆自适应前照明系统、自动泊车辅助系统、驾驶员注意力提示系统、后方交通穿行提示系统、基于导航的自适应巡航控制系统。

前瞻技术篇包括第五~第九章。第五章介绍了智能网联汽车环境感知技术，包括道路识别技术、行人检测技术、车辆检测技术、交通信号灯识别技术和交通标志识别技术。第六章介绍了智能网联汽车定位导航技术，包括GPS/DR组合定位技术和同步定位与建图技术。第七章介绍了智能网联汽车路径规划技术，包括基于采样的路径规划算法和启发式搜索算法。第八章介绍了智能网联汽车V2X技术，包括车辆通信系统的组成、专用短程通信技术和C-V2X技术。第九章介绍了智能网联汽车大数据和云平台技术，包括汽车大数据的关键技术和云平台技术。

本书由程增木主编，陈俊杰、吴庆国任副主编，秦志刚、顾小冬参编。感谢AutoX全球技术及合作副总裁潘坚伟博士、前特斯拉机器学习团队负责人及前小鹏汽车自动驾驶研发副总裁谷俊丽博士、香港科技大学终身教授及香港科技大学智能自动驾驶技术中心主任刘明教授、工信部新型工业化能力建设"长风"计划新能源与智能网联汽车产业专家智库成员张翔博士、国家智能汽车与智慧交通示范区测试负责人党利冈、合肥工业大学教授张炳力、武汉理工大学副教授杨胜兵对本书提出的宝贵意见。

感谢中国人才研究会汽车人才专业委员会理事长朱明荣、上海市嘉定区汽车人才研究会理事长王宇、深圳元戎启行科技有限公司、焉知汽车科技、上海工业控制安全创新科技有限公司对本书的大力支持。感谢在本书的编写过程中所有给予指导和建议的专家、老师和工程师们。在本书的编写过程中，参考了部分互联网的资料和图片以及参考文献中的内容，特此向其作者表示感谢。

本书使用了大量的彩图便于读者理解，并针对每一项技术介绍了当前最新的实际应用情况，许多技术是笔者在实车开发或技术研究过程中的项目心得及经验。由于智能网联汽车发展速度较快，加之笔者的学识有限，书中若有不足之处恳请各位读者给予指正。

希望本书能够普及智能网联汽车的相关概念及新技术，对发展智能网联汽车起到积极的推动作用。

程增木

推荐专家简介

潘坚伟 博士，毕业于美国麻省理工学院（MIT），曾任 Roadstar.ai 研发总监、美国波音公司民航飞机无人驾驶技术构架师及高级先进技术专家和首席研究员等职位，历任美国田纳西州立大学电气与计算机工程系的客座教授、利勃海尔集团无人采矿车项目的感知和决策规划的负责人、ISO 组织无人驾驶技术顾问。现任 AutoX 全球技术及合作副总裁，拥有 40 多份 AI 相关的出版物及 8 项 AI 领域的美国、欧洲和中国专利。

朱明荣 中国人才研究会汽车人才专业委员会理事长、全球汽车精英组织秘书长。曾荣获"全国人事系统先进工作者"称号，被授予"中国汽车行业改革开放三十年杰出人物"。主持开展了"中国汽车人才发展战略研究""汽车海归精英发展环境研究""中国汽车科技人才发展研究""汽车产业中长期人才发展规划研究"等 10 余项汽车人才类课题，2012 年撰写的"中国汽车行业高层次创新型人才成长规律"报告荣获国家级一等奖。参与编著《中国汽车科技人才发展报告》《中国大学生方程式汽车大赛与汽车大学生培养研究》《中国汽车产业中长期人才发展研究》等书，著有汽车人才理论专著《中国汽车人才管理改革试验区探索》。

谷俊丽 博士，毕业于清华大学和美国伊利诺伊大学厄巴纳-香槟分校（UIUC），曾任 AMD 主任工程师，曾在美国特斯拉汽车公司搭建了特斯拉机器学习团队，开发了 Autopilot 2.0 产品并实现了在多代特斯拉车上的大规模部署。曾在小鹏汽车担任自动驾驶研发副总裁，全面负责小鹏汽车自动驾驶研发团队的创建，领导人工智能创新和自动驾驶软件的研发。

刘明 博士，毕业于瑞士苏黎世联邦理工学院（ETH），研发了香港首部拥有多项创新功能的无人车，在机器人领域累计发表论文 200 余篇，荣获上海市技术发明一等奖、吴文俊人工智能科学技术奖在内的多项奖励。2018 年 10 月，获得 IROS Toshio Fukuda Young Professional Award，成为首位获得此奖项的华人。现任香港科技大学终身教授、香港科技大学智能自动驾驶技术中心主任、机器人与自主系统领域执行主任、一清创新科技创始人。

张翔 博士，毕业于武汉理工大学，行业研究员，独立咨询顾问，翔说汽车创始人；工信部新型工业化能力建设"长风"计划新能源与智能网联汽车产业专家智库成员，中国充电桩网充换电委员会专家，曾经服务过 4 家汽车行业上市公司，担任过科技部 863 课题项目副组长，工作领域涉及智能网联汽车的各类技术及市场分析。

党利冈 国家智能汽车与智慧交通示范区测试负责人，国内首个自动驾驶测试标准牵头人，主导和参与多项国家标准和国际标准的编制工作，参与国内首个中国交通事故深入研究（CIDAS）工作，多届世界智能驾驶挑战赛裁判。

目 录

前言

推荐专家简介

基础篇

第一章
智能网联汽车及相关技术概念 / 001

一、智能网联汽车的相关概念 / 001

二、智能网联汽车的系统构成 / 003

三、智能网联汽车的分级 / 004

四、智能网联汽车的发展现况 / 006

五、智能网联汽车的关键技术 / 012

六、中国智能网联汽车的发展目标 / 019

网联技术篇

第二章
智能网联汽车车载网络技术 / 025

一、车载网络的类型及分类 / 025

二、CAN 总线网络技术 / 029

三、LIN 总线网络技术 / 037

四、FlexRay 总线网络技术 / 041

五、MOST 总线网络技术 / 044

六、车载以太网 / 046

第三章
智能网联汽车无线通信技术 / 051

一、无线通信技术的定义及分类 / 051

二、4G 网络技术 / 052

三、蓝牙技术 / 054

四、Wi-Fi 技术 / 058

五、IrDA 技术 / 061

六、RFID 技术 / 063

七、NFC 技术 / 066

八、OTA 技术 / 067

智能驾驶篇

第四章
智能网联汽车高级驾驶辅助系统 / 070

一、高级驾驶辅助系统的定义及类型 / 070

二、高级驾驶辅助系统的新型应用传感器及技术 / 072

三、前向碰撞预警系统 / 085

四、自适应巡航控制系统 / 090

五、车道偏离报警系统 / 095

六、车道保持辅助系统 / 098

七、车道跟随辅助系统 / 102

八、车辆盲区监测系统 / 104

九、车辆自适应前照明系统 / 109

十、自动泊车辅助系统 / 113

十一、驾驶员注意力提示系统 / 116

十二、后方交通穿行提示系统 / 119

十三、基于导航的自适应巡航控制系统 / 120

前瞻技术篇

第五章
智能网联汽车环境感知技术 / 124

一、道路识别技术 / 124

二、行人检测技术 / 130

三、车辆检测技术 / 132

四、交通信号灯识别技术 / 136

五、交通标志识别技术 / 137

第六章

智能网联汽车定位导航技术 / 140

一、GPS/DR 组合定位技术 / 140

二、同步定位与建图技术 / 141

第七章

智能网联汽车路径规划技术 / 145

一、基于采样的路径规划算法 / 145

二、启发式搜索算法 / 147

第八章

智能网联汽车V2X 技术 / 149

一、车辆通信系统的组成 / 150

二、专用短程通信技术 / 151

三、C-V2X 技术 / 153

第九章

智能网联汽车大数据和云平台技术 / 162

一、汽车大数据的关键技术 / 162

二、云平台技术 / 169

参考文献 / 174

基础篇

第一章 智能网联汽车及相关技术概念

一、智能网联汽车的相关概念

1. 无人驾驶汽车

无人驾驶汽车（Self-Driving Vehicle）是通过车载环境感知系统来感知道路环境、自动规划和识别行车路线并控制车辆到达预定目标的智能汽车。它利用环境感知系统来感知车辆周围环境，并根据感知所获得的道路状况、车辆位置和障碍物信息等，控制车辆的行驶方向和速度，从而使车辆能够安全、可靠地在道路上行驶。无人驾驶汽车是传感器、计算机、人工智能、无线通信、导航定位、模式识别、机器视觉、智能控制等各种先进技术融合的综合体。与一般的智能汽车相比，无人驾驶汽车需要具有更先进的环境感知系统、中央决策系统以及底层控制系统。无人驾驶汽车能够实现完全自动控制，全程检测交通环境，能够实现所有的驾驶目标。驾驶员只需提供目的地或者输入导航信息，在任何时候均不需要对车辆进行操控。无人驾驶汽车是汽车智能化、网络化的终极发展目标。百度无人驾驶微循环车"阿波龙"如图 1-1 所示。

图 1-1 百度无人驾驶微循环车"阿波龙"

2. 车联网

车联网（Internet of Vehicle，IoV）是以车内网、车际网和车载移动互联网为基础，按照约定的体系架构及其通信协议和数据交互标准，通过 V2X（V 代表汽车，X 代表车、路、行人及应用平台等）进行无线通信和信息交换，以实现智能化交通管理、智能动态信息服务和车辆智能化控制的一体化网络。它是物联网技术在智能交通系统领域的延伸。车内网是指通过应用成熟的总线技术建立一个标准化的整车网络；车际网是指基于特定无线局域网络的动态网络；车载移动互联网是指车载单元通过 4G/5G 等通信技术与互联网进行无线连接；三网融合是车联网的发展趋势。车联网技术主要面向道路交通，为交通管理者提供决策支持，为车辆与车辆、车辆与道路提供协同控制，为交通参与者提供信息服务。车联网是智能交通系统与互联网技术发展的融合产物，是智能交通系统的重要组成部分，更多表现在汽车基于现实中的场景应用，目前主要停留在导航和娱乐系统的基础功能阶段。车联网技术示意图如图 1-2 所示。

图 1-2　车联网技术示意图

3. 智能网联汽车

智能网联汽车（Intelligent Connected Vehicle，ICV）是一种跨技术、跨产业领域的新兴汽车体系，从不同角度、不同背景对它进行理解是有差异的。各国对智能网联汽车的定义不同，叫法也不尽相同，但终极目标是一样的，即可上路安全行驶的无人驾驶汽车。

从狭义上讲，智能网联汽车是搭载先进的车载传感器、控制器、执行器等装置，并融合现代通信与网络技术，实现 V2X 智能信息交换共享，具备复杂的环境感知、智能决策、协同控制和执行等功能，可实现安全、舒适、节能、高效行驶，并最终可替代人来操作的新一代汽车。智能网联汽车概念示意图如图 1-3 所示。

图 1-3　智能网联汽车概念示意图

4. 智能交通系统

智能交通系统（Intelligent Traffic System，ITS）是未来交通系统的发展方向，它是将先进的信息技术、计算机处理技术、数据通信技术、传感器技术、电子控制技术、运筹学、人工智能等有效地集成运用于整个地面交通管理系统而建立的一种在大范围内、全方位发挥作用的，实时、准确、高效的综合交通运输管理系统。智能交通系统概念示意图如图 1-4 所示。

图 1-4 智能交通系统概念示意图

二、智能网联汽车的系统构成

智能网联汽车主要由 3 个层次组成，即环境感知层、智能决策层以及控制和执行层。其系统构成如图 1-5 所示。

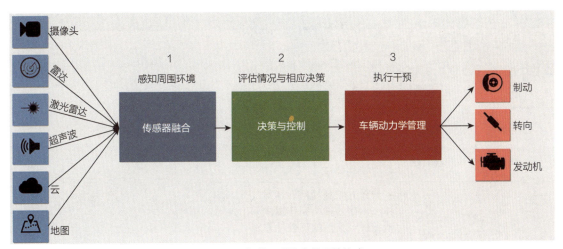

图 1-5 智能网联汽车的系统构成

1. 环境感知层

环境感知层的主要功能是通过车载环境感知技术、卫星定位技术、4G/5G 及 V2X 无线通信技术等，实现对车辆自身属性和车辆外在属性（如道路、车辆和行人等）静态、动态信息的提取和收集，并向智能决策层输送信息。环境感知层使用的传感器包括车轮转速传感器、加速度传感器、微机械陀螺仪、转向盘转角传感器、超声波传感器、激光雷达、毫米波雷达、视觉传感器等，通过这些传感器来感知车辆行驶速度、行驶方向、运动姿态、道路交通情况。定位技术主要使用全球定位系统（GPS）、中国北斗卫星导航系统（BDS）以及云技术。

2. 智能决策层

智能决策层的主要功能是接收环境感知层的信息并进行融合，对道路、车辆、行人、交通标志和交通信号等进行识别,决策分析和判断车辆驾驶模式和将要执行的操作,并向控制和执行层输送指令。

3. 控制和执行层

控制和执行层的主要功能是按照智能决策层的指令,对车辆进行操作和协同控制,并为联网汽车提供道路交通信息、安全信息、娱乐信息、救援信息以及商务办公、网上消费等,保障汽车安全行驶和舒适驾驶。

三、智能网联汽车的分级

智能网联汽车的技术分级见表1-1。目前主要依据美国国家公路交通安全管理局(NHTSA)的技术分类标准,共分为5级。

表1-1 智能网联汽车的技术分级

自动驾驶分级			SAE 定义	主体			
NHTSA	SAE	SAE-China		驾驶操作	周边监控	支援	系统作用域
由人类驾驶员负责监测驾驶环境							
0	0	无自动驾驶	由人类驾驶员全权操作汽车,在行驶过程中可以得到警告和保护系统的辅助	人类驾驶员	人类驾驶员	人类驾驶员	无
1	1	驾驶员辅助阶段/DA	通过驾驶环境对转向盘和加减速中的一项操作提供驾驶支援,其他动作都由人类驾驶员操作	人类驾驶员			部分
2	2	部分自动驾驶/PA	通过驾驶环境对转向盘和加减速的多项操作提供驾驶支援,其他的驾驶动作都由人类驾驶员操作				
由自动驾驶系统负责监测驾驶环境							
3	3	有条件的自动驾驶/CA	由自动驾驶系统完成所有的驾驶操作;根据系统请求,人类驾驶员提供适当的应当	自动驾驶系统	自动驾驶系统		
4	4	高度自动驾驶/HA	由自动驾驶系统完成所有的驾驶操作;根据系统请求,人类不一定需要对所有的系统请求做出应答,但限定道路和环境条件等			自动驾驶系统	
	5	完全自动驾驶/EA	由自动驾驶系统完成所有驾驶操作,在所有的道路和环境条件下驾驶;人类在可能的情况下接管				全域

1. NHTSA 分级

（1）无自动驾驶阶段（0级）

在无自动驾驶阶段，驾驶员拥有车辆的全部控制权。在任何时刻，驾驶员都单独控制汽车的运动，包括制动、转向、加速和减速等。

（2）驾驶员辅助阶段（1级）

在驾驶员辅助阶段，驾驶员拥有车辆的全部控制权。车辆具备一种或多种辅助控制技术，例如倒车影像与倒车雷达、电子稳定控制系统、车道偏离报警系统、正面碰撞预警系统、定速巡航系统以及汽车并线辅助系统等。这些辅助控制系统独立工作，在特定情况下，通过对车辆运行状况及运行环境的监测，提示驾驶员驾驶相关的信息或警告驾驶员驾驶中可能出现的危险，方便驾驶员在接到提示或警告后及时做出反应。相对于其他发展阶段，该阶段的技术发展已很成熟，已经成为一些汽车的标准配置。随着成本的降低，其应用范围将逐步扩大。

（3）部分自动驾驶阶段（2级）

在部分自动驾驶阶段，驾驶员和车辆共享对车辆的控制权。车辆至少有两种高级驾驶辅助系统（ADAS），而且这些系统能同时工作，例如自适应巡航控制系统和车道保持辅助系统的功能结合，在一定程度上协助驾驶员控制车辆。这一阶段也是当前处于快速发展的阶段，未来几年中，将有更多的高级驾驶辅助系统应用在量产车上。

2级和1级的主要区别是：2级在特殊操纵条件下，自动操纵模式可以让驾驶员脱离对汽车的操纵，而1级在任何条件下都不能离开驾驶员对汽车的操纵。

（4）高度自动驾驶阶段（3级）

在高度自动驾驶阶段，车辆和驾驶员共享对车辆的控制权。在特定的道路环境下（高速公路、城郊或市区），驾驶员完全不用控制车辆，车辆完全自动行驶，而且可以自动检测环境的变化以判断是否返回驾驶员驾驶模式。现阶段已经提出的高度自动驾驶技术有堵车辅助系统、高速公路自动驾驶系统和泊车引导系统等。

3级和2级的主要区别是：3级在自动驾驶条件下，驾驶员不必时常监视道路，而且以自动驾驶为主，驾驶员驾驶为辅；2级在自动驾驶条件下，驾驶员必须监视道路，而且以驾驶员驾驶为主，自动驾驶为辅。

（5）完全自动驾驶阶段（4级）

在完全自动驾驶阶段，车辆拥有车辆的全部控制权，驾驶员在任何时候都不能获得控制权。驾驶员只需提供目的地信息或者进行导航输入，整个驾驶过程无须驾驶员参与。车辆能在全工况、全天候环境下完全掌控所有与安全有关的驾驶功能，并监视道路环境。完全自动驾驶的实现将意味着自动驾驶汽车真正驶入人们的生活，也将使驾驶员从根本上得到解放。驾驶员可以在车上从事其他活动，如上网、办公、娱乐和休息等。目前，完全自动驾驶汽车受到政策、法律等相关条件的制约，真正量产还任重而道远。

驾驶级别越高，应用的高级驾驶辅助系统越多，车辆系统的集成与融合度越高，软件控制的重要性越大。

2. 国内分级

中国把智能网联汽车发展划分为 5 个阶段,即辅助驾驶阶段(DA)、部分自动驾驶阶段(PA)、有条件自动驾驶阶段(CA)、高度自动驾驶阶段(HA)和完全自动驾驶阶段(FA)。

(1) 辅助驾驶阶段(DA)

通过环境信息对行驶方向和加减速中的一项操作提供支援,其他驾驶操作都由驾驶员完成。DA 适用于车道内正常行驶、高速公路无车道干涉路段行驶和无换道操作等。

(2) 部分自动驾驶阶段(PA)

通过环境信息对行驶方向和加减速中的多项操作提供支援,其他驾驶操作都由驾驶员完成。PA 适用于变道以及泊车、环岛等市区简单工况;还适用于高速公路及市区无车道干涉路段进行换道、泊车、环岛绕行、拥堵跟车等操作。

(3) 有条件自动驾驶阶段(CA)

由无人驾驶系统完成所有驾驶操作,根据系统请求,驾驶员需要提供适当地干预。CA 适用于高速公路正常行驶工况;还适用于高速公路及市区无车道干涉路段进行换道、泊车、环岛绕行、拥堵跟车等操作。

(4) 高度自动驾驶阶段(HA)

由无人驾驶系统完成所有驾驶操作,特定环境下系统会向驾驶员提出响应请求,驾驶员可以对系统请求进行响应。HA 适用于有车道干涉路段(交叉路口、车流汇入、拥堵区域、人车混杂交通流等市区复杂工况)进行的全部操作。

(5) 完全自动驾驶阶段(FA)

无人驾驶系统可以完成驾驶员能够完成的所有道路环境下的操作,不需要驾驶员介入。FA 适用于所有行驶工况下进行的全部操作。

无论怎样分级,从驾驶员对车辆控制权角度来看,可以分为驾驶员拥有车辆全部控制权、驾驶员拥有部分车辆控制权、驾驶员不拥有车辆控制权三种形式。其中,驾驶员拥有部分车辆控制权时,根据车辆 ADAS 的配备和技术成熟程度,决定驾驶员拥有车辆控制权的多少,ADAS 装备越多,技术越成熟,驾驶员拥有车辆控制权越少,车辆自动驾驶程度越高。

四、智能网联汽车的发展现况

目前,智能网联汽车已初步形成主流的技术架构及集成方案,整体功能方面初步具备一定条件下的自动驾驶能力,但成熟度和可靠性尚未达到安全交通融入的程度。在市场应用方面,目前依旧是以 L2 辅助驾驶为主。随着技术的更新和法律法规的健全,智能网联汽车将加速商业化落地、拓展产业应用,在具备一定条件的应用中有望率先开展。

1. 智能网联汽车的主流技术方案

智能网联汽车自动驾驶功能的实现主要依赖于环境感知传感器、自动驾驶计算平台、网联通信设施、人机交互系统等。其中,环境感知传感器相当于智能网联汽车的五官,自动驾驶计算平台相当于自动驾驶汽车的大脑，网联通信设施是实现 V2X 功能的核心，人机交互系统是智能网联汽车另一个重要的版块。未来智能化、人性化、多样化的人车交互系统将使得自动驾驶功能的接管和移交过程变得更加安全和易用，在降低事故率的同时还能实现多媒体娱乐、导航等功能。其主流技术方案如图 1-6 所示。

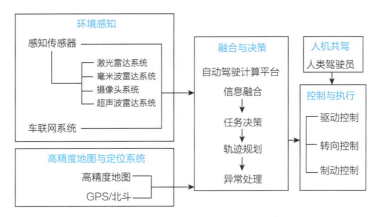

图 1-6　智能网联汽车的主流技术方案

2. 智能网联汽车的政策和法规

近年来，各国纷纷推出相关政策大力支持智能网联汽车的发展。我国也不例外，将智能网联汽车上升到国家发展战略高度，从政策扶持、制定道路测试法规、建设示范区、基础数据平台、产业创新联盟和批准重点项目等多方面推进我国智能网联汽车的发展。2018年 12 月，国家发布《车联网（智能网联汽车）产业发展行动计划》，提出到 2020 年，实现 LTE-V2X 在部分高速公路和城市主要道路的覆盖，开展 5G-V2X 示范应用，建设窄带物联网（NB-IoT）网络，构建车路协同环境。车联网用户渗透率达到 30% 以上，新车驾驶辅助系统（L2）搭载率达到 30% 以上，联网车载信息服务终端的新车装配率达到 60% 以上。

道路测试是实现智能网联汽车产业化和商业化的基础，因此我国高度重视智能网联汽车公共道路测试情况，近年来加紧出台了各项智能驾驶上路法规。2018 年 4 月，我国颁布了第一个规范自动驾驶汽车道路测试的法规文件——《智能网联汽车道路测试管理规范（试行）》。2019 年 10 月，工业和信息化部在智能网联汽车测试区交流研讨会上表示将会研究修订《智能网联汽车道路测试管理规范（试行）》，不断优化完善测试验证和应用示范环境。与此同时，重庆、南通等地方政府也相继出台自动驾驶汽车道路测试法规文件，加快推动智能网联汽车道路测试。2019 年 12 月，《新能源汽车产业发展规划（2021—2035 年）》（征求意见稿）提出到 2025 年，智能网联汽车新车销量占比达到 30%，高度自动驾驶智能网联汽车实现限定区域和特定场景商业化应用。

在智能网联汽车示范运行方面，我国早在 2015 年就开始在全国各地布局。目前已经在北京、上海、重庆、长春、武汉、无锡等地建设了超过 23 个智能网联汽车测试示范区（表 1-2），积极推动半封闭、开放道路的测试验证。

表 1-2　部分智能网联汽车示范区

地区	智能网联汽车示范区
吉林	国家智能网联汽车应用（北方）示范区
辽宁	北汽盘锦无人驾驶汽车运营项目
北京	国家智能汽车与智慧交通示范区
安徽	V2X 技术开发与示范场地建设项目
江苏	国家智能交通综合测试基地（无锡）、常熟中国智能车综合技术研发与测试中心、南京市江宁区智能网联开放测试区
上海	国家智能网联汽车 ANICE CITY 示范区
浙江	杭州云栖小镇 LTE-V 车联网示范区、桐乡乌镇示范区、嘉善产业新城智能网联汽车测试场
福建	平潭无人驾驶汽车测试基地、潭州无人驾驶汽车社会实验室
广东	深圳无人驾驶示范区、广州智联汽车与智慧交通应用示范区
湖南	湘江新区智能系统测试区
武汉	武汉"智慧小镇"示范区、武汉雷诺自动驾驶示范区
重庆	重庆 i-VISTA 智能汽车集成系统试验区、重庆中国汽研智能网联汽车试验基地
四川	德阳 Dicity 智能网联汽车测试与示范运营基地、成都中德智能网联汽车四川试验基地

除了不断完善道路测试法律法规文件和建设多元化的智能网联汽车示范区外，国家还大力支持建设智能网联汽车基础数据平台，目前我国已经建立了交通行业网联化统一监管平台，其具有全国性平台的架构。与此同时，在国家工业和信息化部的支持下，中国汽车工程学会联合包括汽车整车企业、科研院所、通信运营商、软硬件厂商等 30 多家单位共同发起成立"车联网产业技术创新战略联盟"，2015 年 7 月更名为"智能网联汽车产业技术创新战略联盟"，旨在政策和战略研究、关键共性技术研发、学术交流与国际合作、人才培养等方面展开合作，进而推动我国智能网联汽车技术的快速发展。为与国际先进智能网联汽车技术水平保持同步发展，开发具有自主知识产权的智能网联汽车产品和技术，我国也相继批准国家重点研发项目，如智能电动汽车电子电气架构研发、电动自动驾驶汽车关键技术研究与示范运行等项目。

3. L2 辅助驾驶技术的发展

目前，L2 辅助驾驶功能已经成为在售车型主流配置方案。随着汽车市场的发展和消费者认知的强化，L2 级别的辅助驾驶离规模化商业变现更为接近，车型渗透率也逐渐增高，面临产业快速膨胀的机会。

图 1-7 所示为汽车之家 2019 年统计的在售汽车 ADAS 配置搭载率，近三成以上市面车辆在不同程度上搭载了 ADAS 的相关功能，搭载率已经具备规模化应用程度。

在市场结构方面，L2 辅助驾驶早期主要应用于 30 万元以上的中高端汽车，很多厂家也将其作为高配车型的选装功能。在技术层面，行业内认知度较高的主机厂有特斯拉、沃尔沃、奥迪等，其中特斯拉从 2014 年开始为车辆配备安全性驾驶辅助功能，目前其自动驾驶硬件已经升级到第三代，配备了 HW3.0 硬件，支持停车场低速运行和高速公路部分特定场景下驾驶辅助功能，未来将提出进一步的功能升级，包括识别交通信号灯和停车标志、城市道路自动驾驶。沃尔沃搭载的 Pilot Assist 自动驾驶辅助系统能满足车辆在特定条件下的自动跟车、主动制动、车道保持、路牌限速识别等功能，在识别以及介入方面精准度都非常高。特斯拉的 HW3.0 硬件实物图如图 1-8 所示。

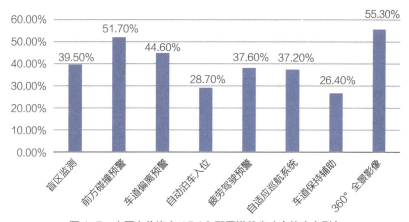

图 1-7　中国在售汽车 ADAS 配置搭载率（含停产车型）

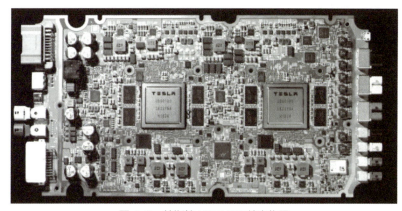

图 1-8　特斯拉 HW3.0 硬件实物图

4. V2X 技术的发展

智能网联汽车的发展路径是从单车智能到车路协同升级，其中以单车智能为主，车路协同为辅。单车智能主要依赖于摄像头、激光雷达、毫米波雷达等环境感知传感器进行道路场景识别，车路协同是单车智能的功能延展和补充，基于 V2X（Vehicle to Everything）技术开展。

（1）车路协同的应用有望降低单车成本

车路协同是一种自动驾驶补充方案，能够在一定程度上弱化单车传感器的功能和性能要求。从原理上讲，车端传感器的功能可以通过道路端传感器来补偿实现，道路端通过路侧单元（RSU）将获取到的环境数据传递给车端，通过坐标系变换将路端环境信息转化成车端环境信息，发送至计算平台进行数据融合。这样一来，只要能保证道路端数据的实时性、完整性和可靠性，便可以通过降低单车传感器搭载的数量和性能来实现单车集成成本的降低,而基于 RSU 的路端数据通过类似广播的方式让所有在道路行驶的车辆共享,实现资源集中和高效处理。

(2)车路协同降低自动驾驶计算平台算力负荷

自动驾驶计算平台是智能网联汽车的大脑,各路传感器获取的数据都要在这里融合、决策并输出决策和控制信号。算力是评价计算平台性能的重要指标,也是直接关系到造价成本的核心参数。单车智能方案中,要增强环境感知能力,往往通过增加传感器性能和数量的方式来实现,这意味着实时处理信息量的增大。由于自动驾驶对于数据传输延时性极为敏感,所以对计算平台的算力也提出更高的要求。基于此背景,多接入边缘计算成为比较实用的网络结构,可以部分缓解计算平台的压力。

(3)5G 的应用将拓宽数据通道,降低通信时延

基于 5G 高速数据传输的特征,可以实现海量传感器信息的传输。从功能角度分析,车端可以利用多元异构的传感器获取更加丰富的车辆周边环境动态信息,在一定程度上提高自动驾驶的安全性;道路传感器之间可以进行实时的信息通信,实现路径优化、安全信息广播等,包括周边行人预警、盲区车辆碰撞预警等场景;边缘云与区域云的数据传输也可以通过 5G 的无线方案实现。从性能角度分析,5G 的高速传输特征可以有效降低端到端的通信时延,提高安全性能。

5. 智能网联汽车的当前应用

目前我国智能网联汽车还处于形成产业雏形的阶段,可商用无人驾驶的应用主要分两部分:公共交通道路和特定条件下的受限制区域。随机交通场景的融入目前存在一定的问题,在技术层面尚未完全成熟,可靠性和安全性还有待验证;在法律法规层面,国家在智能网联汽车方面交通法律法规尚未完全建立;在运营成本方面,车辆集成费用较高,规模化运营初期投资较大。但是,在一定条件下的场景应用还是存在很大的市场空间,同时目前也具备可行性的技术方案,下面介绍几个不同领域的典型案例。

(1)自动驾驶矿车

内蒙古宝利煤炭有限公司于 2019 年 9 月在宝利煤矿首次使用了 3 辆自动驾驶矿车来运输煤炭。通过"愚公"智慧矿山无人化运输系统来对车辆进行控制,具体包括矿车自动驾驶系统、机群调度系统、远程管控系统等。矿车通过传感器和雷达收集数据,形成记忆并优化算法,可以自动适应随天气变化的矿区道路。由于不需要车内驾驶员,3 台无人驾驶的翻斗车,至少可以节省 6 个驾驶员的成本,但需要有后台人员对其安全性进行监控。"愚公"智慧矿山无人化运输系统控制台如图 1-9 所示。

图 1-9 "愚公"智慧矿山无人化运输系统控制台

(2)自动驾驶公交车

2018 年 12 月 28 日,湖南湘江新区智慧公交示范线首发仪式在长沙市举行。湖南湘江

新区智慧公交示范线路全长 7.8km，沿途停靠 11 个站点，双向总计 22 个站点，一期计划投放 4 辆中车电动智能驾驶公交试运行。该项目依托国家智能网联汽车（长沙）测试区，将打造集研发"车－路－云"应用于一体的智慧公交全国示范线。该自动驾驶功能实现的亮点是 V2X 的应用，这也是该自动驾驶项目的核心和主推技术。湖南湘江新区智慧公交车如图 1-10 所示。

（3）自动驾驶出租车

2020 年 8 月 19 日，深圳元戎启行科技有限公司（Deeprouti.Ai）与曹操出行联合宣布，双方正在进行自动驾驶车辆的测试运营合作，目标是在 2022 年杭州亚运会期间提供自动驾驶出行服务。双方合作的自动驾驶出租车如图 1-11 所示。

图 1-10 湖南湘江新区智慧公交车

图 1-11 元戎启行与曹操出行合作推出的自动驾驶出租车

该自动驾驶出租车基于吉利旗下高端纯电动车型——几何 A 进行改装，使用了 DeepRoute-Sense Ⅱ 传感器套件解决方案。7 个摄像头全部嵌于车顶盒内部，除了车辆顶部的 3 个激光雷达，元戎启行还在车辆前端安装了 1 个固态激光雷达。该方案两侧的激光雷达，最小可探测距离为 0.1 m，能精准感知近距离的物体，解决车辆近距离盲区问题；在水平视场角保持 360°的基础上，能对近距离盲区进行最大范围的覆盖。

2021 年 4 月 23 日，深圳元戎启行科技有限公司首家获得深圳市智能网联汽车道路测试联席工作小组发出的《智能网联汽车应用示范通知书》。根据规划，元戎启行将从小区域定向邀请开始，逐步扩大载人应用示范规模，并在深圳市中心向公众开放自动驾驶出行服务。2021 年 1 月，元戎启行的自动驾驶车辆在深圳公开道路测试示范区进行了超过 1000km 的自动驾驶路试，全程无交通违法和事故，还通过了行人和非机动车的识别及响应、交通信号灯识别及响应、交叉路口通行、环形路口通行等 12 项功能检测，并获得相关证明。

（4）自动驾驶物流车

2020 年 2 月，新型冠状病毒的防疫工作进入严重复杂时期，在全力保障疫区物流和物资运送的同时，要尽可能减少人员接触，阻断"人传人"的传染链条，无人配送成为最佳选择。

自 2020 年 2 月 7 日开始，一清创新 UDI 提供了无人配送、无人物流解决方案，成为山东某市疫区物流的主力，为市区运送蔬菜，每车单趟可配送 1500g 蔬菜瓜果。一清无人车从蔬菜中转站出发，工作人员把蔬菜放到无人车上之后，通过手机 App 选择无人车到达的目的地，比如医院、学校、政府单位的食堂。在前线疫区，一清无人驾驶快递物流车——"夸父"采用的是无人驾驶技术,工作人员无须接近疫区便可实现任意操控,"夸父"可以承担后勤仓库与病房、病房与垃圾站、超市与小区等地点之间的物资和物料运输任务,实现了非接触配送,有效减少了人与人直接接触所带来的感染风险。一清无人车能够实现自主智能地规划路径、检测障碍物然后进行规避等一系列智能化的操作。到达终点后再由终端的人员签收卸货,整个运输过程可以实现完全的无人化。"夸父"无人驾驶物流车如图 1-12 所示。

"夸父"无人快递物流车部署流程短,24h 服务,极大限度地降低了防疫物资和人力成本的消耗。无人车运行之前需要进行数据采集、地图建模的环节,将生成的地图导入无人车的计算机之后,无人化的前提条件便已具备。通过手机 App 下达任务,就可以实现点对点无人物流运输,而且能够自主避障并进行路径规划。目前,一清创新 UDI 的无人车平均每车全天候安全运营 1 万 km。

图 1-12 "夸父"无人驾驶物流车

五、智能网联汽车的关键技术

当前智能网联汽车发展十分迅速,其关键技术主要包括以下几个方面:

1. 环境感知技术

环境感知包括车辆本身状态感知、道路感知、行人感知、交通信号感知、交通标识感知、交通状况感知、周围车辆感知等。其中车辆本身状态感知包括行驶速度、行驶方向、行驶状态、车辆位置等;道路感知包括道路类型检测、道路标线识别、道路状况判断、是否偏离行驶轨迹等;行人感知主要判断车辆行驶前方是否有行人,包括白天行人识别、夜晚行人识别、被障碍物阻挡的行人识别等;交通信号感知主要是自动识别交叉路口的信号灯、如何高效通过交叉路口等;交通标识感知主要是识别道路两侧的各种交通标志,如限速、转弯等,及时提醒驾驶员注意;交通状况感知主要是检测道路交通拥堵情况、是否发生交通事故等,以便车辆选择通畅的路线行驶;周围车辆感知主要检测车辆前方、后方、侧方的车辆情况,避免发生碰撞,也包括交叉路口被障碍物遮挡的车辆。环境感知技术示意图如图 1-13 所示。

图 1-13 环境感知技术示意图

在复杂路况交通环境下，单一传感器无法完成环境感知的全部，必须整合各种类型的传感器，利用传感器融合技术，使其为智能网联汽车提供更加真实可靠的路况环境信息。

2. 无线通信技术

长距离无线通信技术用于提供即时的互联网接入，主要采用4G/5G技术，特别是5G技术，有望成为车载长距离无线通信专用技术。短距离通信技术有专用短程通信技术（DSRC）、蓝牙、Wi-Fi等，其中DSRC重要程度高且急需发展，它可以实现在特定区域内对高速运动下移动目标的识别和双向通信，例如V2V、V2I双向通信，实时传输图像、语音和数据信息等。

3. 智能互联技术

当两个车辆距离较远或被障碍物遮挡，直接通信无法完成时，两者之间的通信可以通过路侧单元进行信息传递，构成一个无中心、完全自组织的车载自组织网络。车载自组织网络依靠短距离通信技术实现V2V和V2I之间的通信，它使在一定通信范围内的车辆可以相互交换各自的车速、位置等信息和车载传感器感知的数据，并自动连接建立起一个移动的网络。典型的应用包括行驶安全预警、交叉路口协助驾驶、交通信息发布以及基于通信的纵向车辆控制等。智能互联技术示意图如图1-14所示。

图1-14　智能互联技术示意图

4. 车载网络技术

目前汽车上广泛应用的网络有CAN、LIN和MOST总线等，它们的特点是传输速率小，带宽窄。随着越来越多的高清视频应用进入汽车，如ADAS、360°全景泊车系统等，这些车载网络的传输速率和带宽已无法满足需要。以太网最有可能在智能网联汽车环境下工作，它采用星形连接架构，每一个设备或每一条链路都可以专享100M带宽，且传输速率能达到万兆级。同时以太网还可以顺应未来汽车行业的发展趋势，即开放性、兼容性原则，从而可以很容易地将现有的应用嵌入新系统中。

5. 高级驾驶辅助技术

高级驾驶辅助技术示意图如图 1-15 所示。高级驾驶辅助技术通过车辆环境感知技术和自组织网络技术对道路、车辆、行人、交通标志、交通信号等进行检测和识别，对识别信号进行分析处理，传输给执行机构，保障车辆安全行驶。高级驾驶辅助技术是智能网联汽车重点发展的技术，其成熟程度和使用多少代表了智能网联汽车的技术水平，是其他关键技术的具体应用体现。

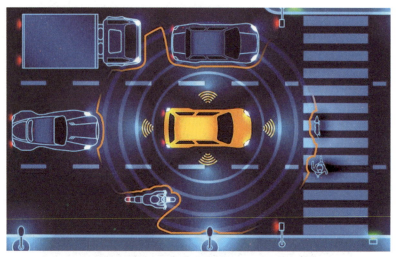

图 1-15　高级驾驶辅助技术示意图

6. 信息融合技术

信息融合技术是指在一定准则下利用计算机技术对多源信息进行分析和综合，以实现不同应用的分类任务。该技术主要用于对多源信息进行采集、传输、分析和综合，将不同数据源在时间和空间上的冗余或互补信息依据某种准则进行组合，产生出完整、准确、及时、有效的综合信息。智能网联汽车采集和传输的信息种类多、数量大，必须采用信息融合技术才能保障实时性和准确性。

7. 信息安全与隐私保护技术

智能网联汽车接入网络的同时，也带来了信息安全的问题。在应用中，每辆车及其车主的信息都将随时随地地传输到网络中被感知，这种暴露在网络中的信息很容易被窃取、干扰甚至修改等，从而直接影响智能网联汽车体系的安全，因此在智能网联汽车中，必须重视信息安全与隐私保护技术的研究。

8. 人机交互技术

人机交互技术，尤其是语音控制、手势识别和触摸屏技术，在全球未来汽车市场上将被大量采用。全球领先的汽车制造商，如奥迪、宝马、奔驰、福特以及菲亚特等都在研究人机交互技术。不同国家汽车人机交互技术的发展重点也不同，美国和日本侧重于远程控制，主要通过呼叫中心实现；德国则把精力放在车辆的中央控制系统，主要是奥迪的 MMI、宝马的 iDrive、奔驰的 MBUX。智能网联汽车人机界面的设计，其最终目的在于提供良好的用户体验，增强用户的驾驶乐趣或驾驶过程中的操作体验。它更加注重驾驶的安全性，这样使得人机界面的设计必须在好的用户体验和安全之间做平衡，很大程度上安全始终是第一位的。智能网联汽车人机界面应集成车辆控制、功能设定、信息娱乐、导航系统、车载电话等多项功能，方便驾驶员快捷地从中查询、设置、切换车辆系统的各种信息，从而使车辆达到理想的运行和操纵状态。车辆显示系统和智能手机将无缝连接，人机界面提供的输入方式将会有多种选择，通过使用不同的技术允许消费者能够根据不同的操作、不同的功能进行自由切换。奔驰 S 级（W223）MBUX 系统如图 1-16 所示。

图 1-16　奔驰 S 级（W223）MBUX 系统

9. 高精度地图与定位技术

高精度地图技术将大量的行车辅助信息存储为结构化数据，这些信息可以分为两类。第一类是道路数据，比如车道线的位置、类型、宽度、坡度和曲率等车道信息。第二类是车道周边的固定对象信息，比如交通标志、交通信号灯、道路限高、下水道口、障碍物及其他道路细节，还包括高架、防护栏、道路边缘类型、路边地标等基础设施信息。以上这些信息都有地理编码，导航系统可以准确定位地形、物体和道路轮廓，从而引导车辆行驶。其中最重要的是对路网精确的三维表征（厘米级精度），比如路面的几何结构、道路标示线的位置、周边道路环境的点云模型等。有了这些高精度的三维表征，自动驾驶系统可以通过比对车载的 GPS、惯性测量单元（IMU）、激光雷达（LiDAR）或摄像头的数据精确确认自己当前的位置。另外，高精度地图中包含有丰富的语义信息，比如交通信号灯的位置和类型、道路标示线的类型，以及哪些路面可以行使等。

高精度地图具有动态化、高精度和高丰富度的特点。不论是动态化，还是精度和丰富度，最终目的都是为了保证自动驾驶的安全与高效率。动态化保证了自动驾驶能够及时地应对突发状况，选择最优的路径行驶。高精度确保了机器自动行驶的可行性，保证了自动驾驶的顺利实现。高丰富度与机器的更多逻辑规则相结合，进一步提升了自动驾驶的安全性。高精度地图示意图如图 1-17 所示。

图 1-17　高精度地图示意图

10. 异构网络融合技术

异构网络融合是一项较为关键的技术。所谓异构是指两个或以上的无线通信系统采用了不同的接入技术，或者是采用相同的无线接入技术但属于不同的无线运营商，其结构示意图如图 1-18 所示。在智能网联汽车发展的过程中，多域多网络共存问题日渐凸显，这无疑会给智能网联汽车的发展和建设带来极大困难。多网络覆盖区域重叠、通信协议不一致、缺乏统一的服务管控网络格局，使得用户面临更加复杂的网络环境。未来通信网络的前景是异构融合的网络模式，多接入方式并存，多节点协同工作，支持不同程度的无缝移动特性，同时它又是一个智能化的无线通信系统，能够随时感知外界环境，并根据当前的网络状况自配置以响应动态自适应环境和操作的改变。5G 网络的一个主要特征就是能够提供多种不同无线接入技术之间的互操作，无线局域网（WLAN）和 4G 网络的融合、点对点（Ad Hoc）网络与蜂窝网络的融合都是无线异构网络融合的重要模式。网络融合技术可极大地提升蜂窝网络的性能，在支持传统业务的同时也为引入新的服务创造了条件，成为支持异构互连和协同应用的新一代无线移动网络的热点技术。无线异构网络融合近年来受到了业界的高度重视和研究。

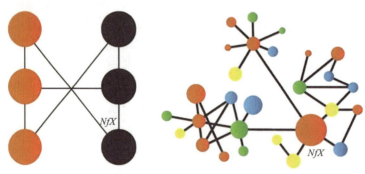

图 1-18　异构网络结构示意图

11. 交通大数据处理的关键技术

交通大数据具有种类繁多、异质性、时空尺度跨越大、动态多变、高度随机性、局部性和生命周期较短等特征，智能网联汽车的发展离不开大数据技术的支持，随着城市的发展，交通数据采集量必然成倍增长，形成海量、动态、实时的交通大数据（图 1-19）。因此，以大数据处理技术为支撑的交通信息服务将成为未来智能交通发展的增长点。交通所涉及的大数据技术总结起来大致包括如下内容。

图 1-19　交通大数据平台示意图

（1）基于 Hadoop 框架的 MapReduce 模式技术

Hadoop 是一个能够对大量数据进行分布式处理的软件框架，而 MapReduce 是 Hadoop 的核心计算模型，它将复杂的运行于大规模集群上的并行计算过程高度抽象到了两个函数。Hadoop 实现了一个分布式文件系统（Hadoop Distributed File System，HDFS）。HDFS 有着高容错性的特点，可部署在低成本的硬件上。而且它能提供高传输率来访问应用程序的数据，适合那些有着超大数据集的应用程序。

（2）数据仓库技术

数据仓库是决策支持系统（DSS）和联机分析应用数据源的结构化数据环境，研究和解决从数据库中获取信息等问题。数据仓库的特征在于面向主题、集成性、稳定性和时变性。其主要功能是将组织通过资讯系统的联机交易处理（OLTP）经年累月所累积的大量资料、数据仓库理论所特有的资料存储架构进行系统的分析整理，以利于各种分析方法如线上分析处理（OLAP）、数据挖掘（Data Mining）的进行，进而支持决策支持系统、主管资讯系统（EIS）等系统的创建，帮助决策者快速、有效地从大量数据资料中分析出有价值的信息，以利于决策拟定及快速回应外在环境变动，帮助构建商业智能。

（3）中央数据登记簿技术

中央数据登记簿系统是平台数据统一管理、综合交通信息服务的基础，包括与交通信息有关的数据表示和交互以及交通信息服务、适合于综合交通环境的数据字典和消息模板、交通数据项定义规则、注册和管理机制等。

（4）平台 GIS-T 应用技术

平台 GIS-T 应用技术是交通地理信息系统的支撑技术，可为交通信息服务提供高效的信息查询功能、海量的存储功能，包括出租车、公交车、综合交通视频信息等数据；还能够提供优秀用户体验的 WebGIS 引擎，让用户享受基于浏览器的交通信息服务。

（5）基于非序列性数据操作技术

基于非序列性数据操作技术包括虚拟化环境以及流数据处理技术，通过网络将大量服务器的内存空间统合在一起，使之形成一个超大型的虚拟内存，然后在其上进行数据配置，可实现对现有设备资源的最大使用效率，同时实现对即时性数据的反馈能力。

（6）视频大数据处理技术

视频大数据处理技术将目前各个专用性的视频监控系统有机地整合在一起，实现视频资源统一接入、统一转码、统一分发、统一管理和统一运营的"五统一"目标。它可整合包括交通视频、站台视频、客运站视频、高速公路视频、社会治安视频、车载视频等在内的多种视频资源，提高整体视频监控的效率，且基于视频监控基础设施之上创造更多增值性的应用，从而实现视频监控系统的最大化效用。

（7）大数据处理技术

大数据处理技术是将接入平台的数据根据具体的业务规则进行进一步的处理，包括对接入的数据进行有效性的检验、大数据清洗等。大数据标准化处理技术从数据库中取出经过清洗后的数据，根据业务规则将外部系统的数据格式转化为平台定义的标准格式。

（8）大数据融合处理技术

大数据融合处理技术是指采用多源交通信息融合方法，结合特征融合技术（识别/分类、神经网络、贝叶斯网络等）、目标机动信息处理技术（自适应噪声模型等）及多目标跟踪的信息融合技术，提高信息系统的鲁棒性及可靠性。多源交通大数据信息融合分为3级：基础级是数据级融合，它只完成数据的预处理和简单关联；第二级是特征级融合，就是根据现有数据的特征预测交通参数；第三级是状态级融合，根据当前交通流信息判断交通状态。交通流信息融合的基本过程包括多源信息提取、信息预处理、融合处理以及目标参数获取和状态估计。

（9）实时数据分发订阅技术

海量交通大数据具有数据量大、更新频繁、时效性高等特点，往往需要来自其他系统的实时数据来支持其业务逻辑，比如浮动车辆的 GPS 数据、目前城市道路的路况分析和收费站排队监控分析、省级路政卫星定位联网监控系统的上报、营运车辆安全监管系统等监控分析系统需要向外单位共享的数据。

（10）大数据挖掘技术

多源交通大数据挖掘是一个多步骤的过程，可以分为问题定义、数据准备、数据分析、模式评估等基本阶段。

12. 交通云计算关键技术

交通云计算平台是一个整合的、先进的、安全的、自动化的、易扩展的、服务于交通行业的开放性平台。智慧交通云平台示意图如图 1-20 所示。

图 1-20　智慧交通云平台示意图

具体体现在：

（1）整合现有资源

能够针对未来的交通行业发展扩展整合将来所需的各种硬件、软件、数据。

（2）动态满足智能交通系统中各应用系统

针对交通行业的需求，如基础设施建设、交通信息发布、交通企业增值服务、交通指挥，提供决策支持及交通仿真模拟等。交通云应能够全面满足开发系统资源平台需求，快速满足突发系统需求。

（3）扩展能力

交通云需提供极具弹性的扩展能力需求，以满足将来不断增大的交通应用需求。

交通云作为行业云，它的发展轨迹应在技术上从易到难、在业务上从边缘逐渐到核心。交通云的远景是基础设施即服务（Infrastructure as a Service，IaaS）、平台即服务（Platform as a Service，PaaS）及软件即服务（Software as a Service，SaaS）的应用都具备。针对智能交通的目前发展状况及云计算平台的成熟应用程度，交通云应以数据中心的云存储化开始，逐渐向外扩展应用服务。交通云是对交通管理单位、交通运营企业和广大市民服务的，因此，未来的交通云应该具有混合云的特点。对保密性安全要求高、处理速度快、弹性发展力度强的对内应用（交通管理单位），可以用私有云的模式实现；而对外的信息发布（大众出行、物流企业、交通信息服务企业等）、出行指导等对外应用可以用公共云的模式实现。

六、中国智能网联汽车的发展目标

近几年来中国对于智能网联汽车的发展愈加重视，发布了多项文件来大力支持发展智能网联汽车。

1.《中国制造 2025》

2015 年国务院发布的《中国制造 2025》规划中，提出了智能网联汽车的未来发展目标，其重点发展领域如图 1-21 所示。文件指出，到 2020 年，初步形成以企业为主体、市场为导向、政产学研用紧密结合、跨产业协同发展的智能网联汽车自主创新体系。汽车信息化产品自主份额达 50%，DA、PA 整车自主份额超过 40%，掌握传感器、控制器关键技术，供应能力满足自主规模需求，产品质量达到国际先进水平。启动智慧交通城市建设，自主设施占有率达 80% 以上。2025 年基本建成的智能网联汽车产业链与智慧交通体系汽车信息化产品自主份额达 60%，DA、PA、HA 整车自主份额达 50% 以上；传感器、控制器达到国际先进水平，掌握执行器关键技术；实现汽车全生命周期的数字化、网络化、智能化，初步完成汽车产业转型升级。提出车辆相关的智慧交通解决方案，普通道路的交通效率提高 80%，交通事故数减少 80%，交通事故死亡人数减少 90%，汽车 CO_2 排放大约减少 20%。

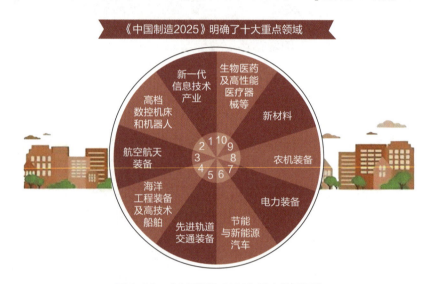

图 1-21 《中国制造 2025》重点发展领域

该文件中同时说明了智能网联汽车的发展重点，主要内容包括：

（1）基于网联的车载智能信息服务系统

在现有远程信息服务系统基础上，为驾驶和出行提供交通、咨询、车辆运行状态及智能控制等信息服务，突出信息化和人机交互升级，逐步普及远程通信功能，部分实现 V2X 短程通信功能，信息可用于智能化控制。

（2）驾驶辅助级智能汽车

制定中国版智能驾驶辅助标准，基于车载传感器实现智能驾驶辅助，可提醒驾驶员干预车辆，突出安全性、舒适性和便利性，驾驶员对车辆应保持持续控制。

（3）部分或高度自动驾驶级智能汽车

制定中国版乘用车城市智能驾驶标准和高速公路智能驾驶标准；乘用车逐步实现部分自动或高度自动驾驶，突出舒适性、便利性、高效机动性和安全性，实现网联信息的安全管理；制定中国版商用车城郊智能驾驶标准，商用车逐步实现部分自动或高度自动驾驶，以网联智能管理和编队控制技术突破为主，提高运输车辆的运行效率、经济性、安全性和便利性。

（4）完全自主驾驶级智能汽车

制定中国版完全自主驾驶标准，基于多源信息融合、多网融合，利用人工智能、深度挖掘及自动控制技术，配合智能环境和辅助设施实现自主驾驶，可改变出行模式、消除拥堵、提高道路利用率。

（5）车载光学系统

光学摄像头、夜视系统等具备图像处理和视觉增强功能，性能与国际品牌相当并具有成本优势。

（6）车载雷达系统

开发高性价比的车载雷达系统，包括车载激光雷达系统和毫米波雷达系统。

（7）高精定位系统

基于北斗系统开发，实现自主突破，车载定位精度可达到亚米级精度，实现对GPS的逐步替代与升级。

（8）车载互联终端

自主开发车载信息娱乐系统、远程通信模块和近距离通信模块。

（9）集成控制系统

开发域控制器，实现对各子系统的精度控制与协调，并形成技术、成本优势。

（10）多源信息融合技术

突破环境感知与多传感器信息融合，V2X通信模块集成，车载与互联信息融合技术。

（11）车辆协同控制技术

突破整车集成与协同控制技术。

（12）数据安全及平台软件

突破信息安全、系统健康智能检测技术，并搭建中国版车载嵌入式操作系统平台软件。

（13）人机交互与共驾技术

突破人机交互、人机共驾与失效补偿技术。

（14）基础设施与技术法规

形成中国版先进智能驾驶辅助、V2X及多网融合的技术标准体系和测试评价方法，完善基于V2X通信标准体系的道路基础设施。

2016年3月17日，中国汽车工业协会发布了《"十三五"汽车工业发展规划意见》。规划意见对"十三五"的中国汽车工业提出了八方面的发展目标，其中之一就是"积极发展智能网联汽车"。《"十三五"汽车工业发展规划意见》对智能网联汽车发展设定了目标：积极发展智能网联汽车，具有驾驶辅助功能（1级自动化）的智能网联汽车当年新车渗透率达到50%，有条件自动化（2级自动化）的汽车当年新车渗透率达到10%，为智能网联汽车的全面推广建立基础。

2018年12月28日，工业和信息化部印发《车联网（智能网联汽车）产业发展行动计划》（以下简称《行动计划》）。

《行动计划》明确，以网络通信技术、电子信息技术和汽车制造技术融合发展为主线，充分发挥我国网络通信产业的技术优势、电子信息产业的市场优势和汽车产业的规模优势，推动优化政策环境，加强跨行业合作，突破关键技术，夯实产业基础，形成深度融合、创新活跃、安全可信、竞争力强的车联网产业新生态。《行动计划》提出，将充分发挥政策引领作用，分阶段实现车联网（智能网联汽车）产业高质量发展的目标。第一阶段，到2020年，将实现车联网（智能网联汽车）产业跨行业融合取得突破，具备高级别自动驾驶功能的智能网联汽车实现特定场景规模应用，车联网用户渗透率达到30%以上，智能道路基础设施水平明显提升。第二阶段，2020年后，技术创新、标准体系、基础设施、应用服务和安全保障体系将全面建成，高级别自动驾驶功能的智能网联汽车和5G-V2X逐步实现规模化商业应用，"人-车-路-云"实现高度协同，人民群众日益增长的美好生活需求得到更好满足。

《行动计划》中的主要任务包括：一是突破关键技术，推动产业化发展。充分利用各种创新资源，加快智能网联汽车关键零部件及系统开发应用，推动构建智能网联汽车决策控制平台。大力支持LTE-V2X、5G-V2X等无线通信网络关键技术研发与产业化，全面构建通信和计算相结合的车联网体系架构。二是完善标准体系，推动测试验证与示范应用。全面实施《国家车联网产业标准体系建设指南》，完善制定车联网重点标准，适时发放频率使用许可，构建智能网联汽车测试评价体系。推动在机场、港口和园区开展自动驾驶出行、智能物流等场景的示范应用，构建国家级车联网先导区，不断提升交通智能化管理水平和居民出行服务体验。三是合作共建，推动完善车联网产业基础设施。加强部门合作和部省协同，构建基于LTE-V2X、5G-V2X等无线通信技术的网络基础设施。打造综合大数据及云平台，推进道路基础设施的信息化和智能化改造，支持构建集感知、通信、计算等能力为一体的智能基础设施环境。四是发展综合应用，推动提升市场渗透率。大力发展车联网用户，培育智慧出行等创新应用，发展电动汽车实时在线监测系统和大数据分析能力，推广车路交互信息服务的规模应用。推动事故预警和协同控制技术的应用，提升交通安全与拥堵主动调控能力，建立基于网络的汽车设计、制造、服务一体化体系，实现基于大数据平台的个性化汽车服务的规模应用。五是技管结合，推动完善安全保障体系。以智能网联汽车系统运行安全、数据安全和网络安全为重点，完善安全管理体系与防护机制，构建智能网联汽车、车联网数据和网络的全要素安全检测评估体系，着力提升隐患排查、风险发现、应急处置水平。为确保重点任务落实，《行动计划》提出了包括加强组织领导、加大政策支持力度、构建产业生态体系、优化产业发展环境、健全人才培养体系和推进国际及港澳台交流合作在内的六项保障措施，充分发挥国家制造强国建设领导小组车联网产业发展专委会等机制的作用，培育一批领军企业，构建产业集聚区，确保重点工作有序推进，切实推动车联网产业持续健康发展。

2.《2020年智能网联汽车标准化工作要点》

2020年4月16日，工业和信息化部正式发布了《2020年智能网联汽车标准化工作要点》。（以下简称《工作要点》）

《工作要点》指出，2020年是完成智能网联汽车标准体系建设第一阶段目标的收官之年,也是下一阶段工作谋篇布局之年。2020年智能网联汽车标准化工作,将以推动标准体系与产业需求对接协同、与技术发展相互支撑,建立国标、行标、团标协同配套新型标准体系为重点,促进智能网联汽车技术快速发展和应用,充分发挥标准的引领和规范作用,支撑我国汽车产业转型升级和高质量发展。

(1)完成标准体系阶段性建设目标

1)加快完善智能网联汽车标准体系建设。实现《国家车联网产业标准体系建设指南(智能网联汽车)》第一阶段建设目标,形成能够支撑驾驶辅助及低级别自动驾驶的智能网联汽车标准体系;系统开展国家、行业和团体标准需求调查和分析,进一步优化完善智能网联汽车标准体系,编制汽车网联功能与应用标准化路线图,为实现支撑高级别自动驾驶的标准体系第二阶段建设目标提供基础保障。

2)建立智能网联汽车标准制定及实施评估机制。根据产业发展情况,针对高级驾驶辅助系统、自动驾驶、信息安全、功能安全、汽车网联功能与应用等技术领域特点,有计划、有重点地部署标准研究与制定工作;强化标准前期预研和关键技术指标验证,提高标准与产业发展的匹配度、黏合度;选择典型企业和产品,开展标准实施效果跟踪评估,实现智能网联汽车标准体系闭环管理与持续完善。

(2)推进产品管理和应用示范标准研制

1)加大智能网联汽车产品管理所需标准的有效供给。适应智能网联汽车商品化进程,加快开展自动驾驶系统通用技术要求、信息安全、功能安全等支撑智能网联汽车产品安全性评估的通用类标准制定;推进模拟仿真、封闭场地和实际道路测试评价类系列标准制定,建立智能网联汽车自动驾驶综合评价能力;完成自动驾驶汽车数据记录系统、测试场景、汽车软件升级等关键标准的立项和编制工作;启动智能网联汽车网联性能测试评价、测试设备和工具、实验室能力评价方法等标准研究,促进提升我国智能网联汽车测试服务能力。

2)发挥标准对产业重点需求及应用示范的支撑作用。面向无人接驳、无人物流等新型产业模式及港口、园区、停车场等特定场景的应用示范需求,完成所需技术标准的立项研究;加快智能网联汽车自动驾驶功能测试相关标准制定,有力支撑智能网联汽车道路测试及应用示范;持续完善智能网联汽车测试评价标准体系,营造高质量的开发、测试及应用环境,助力智能网联汽车技术应用和商业化进程。

(3)加快推进各类急需关键标准出台

1)统筹开展基础通用类标准制定。做好汽车驾驶自动化分级标准宣贯,完成智能网联汽车术语及定义标准立项及智能泊车功能分级标准预研;根据车用操作系统标准体系规划,完成基础通用标准预研并形成标准草案;梳理智能网联汽车信息分类与代码、数据结构及传输格式、车载计算平台、高性能信息处理单元、车载高速网络等标准需求,并适时启动立项。

2)加快推进汽车智能化标准制定。完成驾驶员注意力监控系统、商用车车道保持辅助系统等标准制定;加快汽车全景影像监测系统、汽车夜视系统、智能网联汽车自动驾驶系统通用技术要求、自动驾驶功能场地测试方法等标准的立项；开展抬头显示系统、组合驾驶辅助系统、自动驾驶仿真和实际道路测试方法、自动驾驶人机交互系统等标准预研并申请立项；在牵头起草自动驾驶测试场景国际标准的同时，启动我国相关标准的制定工作。

3）协同推动汽车网联化标准制定。完成基于 LTE-V2X 直连通信的车载信息交互系统、汽车信息安全通用技术要求、车载信息交互系统信息安全等标准的审查与报批；推进汽车诊断接口、风险评估、应急响应等相关标准的立项；完成智能网联汽车与移动终端信息交互功能、基于网联通信的安全预警系统等标准预研，启动智能网联汽车数字证书、车用密码等关键信息安全保障标准需求研究；开展 ISO 21434《道路车辆信息安全工程》和 ISO 20077《道路车辆网联车辆方法论》系列国际标准转化工作。

4）加强行业协同和标准联合研究。在车路协同、高精度地图和定位、云平台、试验场地等跨行业交叉领域，强化与相关产业标委会的协同，促进与相关团体标准组织的对接，鼓励通过联合开展标准需求调研、跨行业联合开展标准研究等方式，持续优化完善各类标准化有效供给，满足智能网联汽车前瞻技术研发、跨行业协同创新及应用模式探索等需求。

（4）深化国际标准法规交流与合作

1）加强智能网联汽车国际标准法规协调。履行联合国 WP.29 自动驾驶与网联车辆工作组、自动驾驶功能要求非正式工作组牵头方职责，以积极贡献的建设性态度，加快推动自动车道保持系统、自动驾驶数据记录系统、信息安全与软件升级等联合国全球技术法规协调进程；积极参与国际标准化组织（ISO）层面智能网联汽车国际标准化活动，牵头推动自动驾驶测试场景术语和定义、自动驾驶设计运行范围规范等国际标准制定，共同承担预期功能安全、软件升级工程等关键标准的起草工作。

2）积极开展与国外相关组织、机构的交流合作。充分发挥骨干单位及行业专家作用，系统开展智能网联汽车国际标准跟踪、协调和转化工作；充分发挥智能网联汽车标准国际专家咨询组的积极作用，与 WP.29 和 ISO 等国际组织、主要汽车生产国标准化机构、国际先进汽车制造商及零部件企业等加强沟通交流，为中国智能网联汽车标准体系建设及实施建言献策；依托政府间汽车标准对话合作框架以及汽车领域各类合作机制，加强与欧盟、德国、法国、日本及"一带一路"沿线国家的交流合作，鼓励行业组织、产业联盟参与国际标准化活动，协同推进智能网联汽车技术及产业发展。

网联技术篇

第二章　智能网联汽车车载网络技术

一、车载网络的类型及分类

在汽车的各种电子控制系统中，由于各个系统对于整车通信的实时性要求不同，通过车载网络结构采用多种不同速率的总线分别连接不同类型的节点，并且通过网关服务器来实现整车的信息共享及网络管理。某车型的车载总线结构示意图如图2-1所示，其主要包括高速网络、中速网络和低速网络。根据国际自动机工程师学会（SAE）的分类标准，目前车载网络主要分为5类，分别是A类低速网络、B类中速网络、C类高速网络、D类多媒体网络和E类安全应用网络。

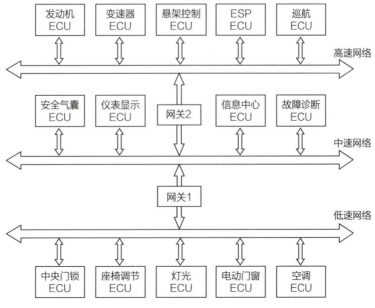

图2-1　某车型的车载总线结构示意图
ECU—电子控制单元　ESP—车身电子稳定系统

1. A 类车载网络标准

A 类车载网络传输速率较低，一般小于 10kbit/s。从目前的发展和使用情况来看，A 类车载网络的主要总线标准是 TTP/A（Time Triggered Protocol/A）协议和 LIN（Local Interconnect Network）。

TTP/A 协议最初由维也纳工业大学制定，为时间触发类型的网络协议，主要应用于集成了智能变换器的实时现场总线。它具有标准的通用异步收发器（Universal Asynchronous Receiver Transmitter, UART），能自动识别加入总线的主节点与从节点，节点在某段已知的时间内触发通信但不具备内部容错功能。目前该种技术过于落后，基本已经不再使用。

1999 年，LIN1.0 由 LIN 联盟（奥迪、宝马、梅赛德斯-奔驰、沃尔沃、大众和 VCT 公司以及摩托罗拉）发布，是一种用于汽车分布式电控系统的开放式的低成本串行通信标准。LIN 是一种基于 UART 的数据格式、主从结构的单线 12V 的总线通信系统，主要用于智能传感器和执行器的串行通信。从硬件、软件以及电磁兼容性方面来看，LIN 保证了网络节点的互换性，极大地提高了开发速度，同时保证了网络的可靠性。由于 LIN 价格低廉，因此它可将微控制单元（MCU）嵌入车身零部件中，使其成为具备网络功能的智能零部件，从而进一步减少线束数量并降低成本。LIN 网络已经广泛地被世界上的大多数汽车公司以及零配件厂商所接受。

2. B 类车载网络标准

B 类车载网络传输速率一般为 10~125kbit/s，主要适用于对实时性要求不高的场景。目前 B 类车载网络主要有 2 种类型：低速 CAN 和 VAN。

VAN 标准是 ISO 于 1994 年 6 月推出的。它基于 ISO 11519-3，主要为法国汽车公司所用。随着汽车电气系统的不断发展，VAN 标准已经不适用于主流汽车的电气系统架构，现在已经没有车企还在使用 VAN。

CAN 是德国博世（Bosch）公司于 20 世纪 80 年代初，为解决现代汽车中众多的控制与测试仪器之间的数据交换问题而开发的一种串行数据通信协议。它是一种多主总线，通信介质可以是双绞线、同轴电缆或光导纤维，通信速率可达 1Mbit/s。CAN 总线在 1991 年首次在奔驰 S 系列汽车中使用。同年，Bosch 公司正式颁布了 CAN 2.0 技术规范。1993 年 11 月，ISO 正式颁布了 ISO 11898，为 CAN 的标准化、规范化铺平了道路。此后，越来越多的北美地区和日本汽车公司也开始采用 CAN 网络。1994 年，SAE 货车和巴士控制与通信子协会选择 CAN 作为 SAE J1939 的基础。

CAN 总线凭借其突出的可靠性、实时性和灵活性从众多总线中突显出来，成为世界范围内被广泛接受的 B 类总线的主流协议。

3. C 类车载网络标准

C 类车载网络传输速率一般为 125kbit/s~1Mbit/s，主要适用于对实时性要求高的系统。目前，C 类车载网络中的主要协议包括高速 CAN（ISO 11898-2）、TTP/C 和 FlexRay 等协议。

TTP/C 协议由维也纳工业大学研究，是一种基于时分多址（TDMA）的访问方式。TTP/C 协议是一个应用于分布式实时控制系统的完整的通信协议。它能够支持多种容错策略，提供容错的时间同步以及广泛的错误检测机制，同时还提供节点的恢复和再整合功能。其采用光纤传输的工程化样品，速度可达到25Mbit/s。TTP/C协议支持时间和事件触发的数据传输。

FlexRay是宝马（BMW）、戴姆勒集团（Daimler AG）、摩托罗拉（Motorola）和飞利浦（Philips）等公司制定的功能强大的通信网络协议。它是基于柔性时分多址（FTDMA）的确定性访问方式，具有容错功能及确定的通信消息传输时间，同时支持事件触发与时间触发通信，具备高速率通信能力。FlexRay采用冗余备份的办法，高速设备可以采用点对点方式与FlexRay总线控制器连接，构成星形结构；低速网络可以采用类似CAN总线的方式连接。

欧洲的汽车制造商基本上采用高速CAN总线标准ISO 11898。总线传输速率通常在125kbit/s~1Mbit/s之间。作为一种事件驱动型总线，CAN无法为下一代线控系统提供所需的容错功能或带宽，因为X-by-Wire系统实时性和可靠性要求都很高，必须采用时间触发的通信协议，如TTP/C协议或FlexRay等。CAN仍为C类网络协议的主流，但随着汽车中引进X-by-Wire系统，它们之间的竞争还要持续一段时间。在未来的线控系统中，到底哪一种协议会成为C类中线的标杆还无法确定。

4. D类车载网络标准

汽车信息娱乐和远程信息设备，特别是汽车导航系统，需要功能强大的操作系统和连接能力。D类车载网络的传输速率为250kbit/s~100Mbit/s，该类网络协议主要有MOST、蓝牙、ZigBee等。

MOST网络由德国Oasis Silicon System公司开发。MOST技术针对塑料光纤媒体而优化，采用环行拓扑机构，在器件层提供高度可靠性和可扩展性。它可以传送同步数据（音频信号、视频信号等流动型数据）、非同步数据（访问网络及访问数据库等的数据包）和控制数据（控制报文及控制整个网络的数据）。MOST得到包括宝马（BMW）、戴姆勒集团（Daimler AG）、Harman/Becker和Oasis公司的支持，已应用在多款车型上，如宝马7系、奥迪A8、奔驰E系列等。

随着蓝牙技术的发展，短距点对点通信的蓝牙技术在汽车中寻求到了发展空间，其相对低廉的成本和简便的使用方法得到汽车业界的认同。蓝牙无线技术是一种用于移动设备和WAN/LAN接入点的低成本、低功耗的短距离射频技术。蓝牙标准描述了手机、计算机和掌上计算机（PDA）如何方便地实现彼此之间的互联，以及与家庭和商业电话、计算机设备的互联。蓝牙特别兴趣小组的成员包括AMIC、宝马（BMW）、戴姆勒集团（Daimler AG）、福特（Ford）、通用（GM）、丰田（Toyota）和大众（Volkswagen）。移动电话与车内媒体之间的信息交互成为蓝牙技术进入汽车的突破点，Johnson Controls公司的免提手机系统"Blue Connect"，允许驾驶员在双手扶住转向盘的情况下，通过支持蓝牙功能的手机保持联系。Daimler推出的Uconnect蓝牙免提电话系统中，蓝牙成为移动电话与车内媒体之间进行信息交互的手段，驾驶员通过安装在风窗玻璃上的传声器和车内音响系统的扬声器与他人通话，将驾驶员的双手从操作移动电话中解脱出来，从而保证了行车安全。目前蓝牙技术已经广泛应用于汽车中。

ZigBee在汽车上应用的解决方案是针对蓝牙技术受车内电磁噪声影响的问题而提出的。ZigBee可以工作在低于1GHz与2.45GHz的频带范围,传输速率为250kbit/s,主要应用范围包括工业控制、家庭自动化、消费类应用以及潜在的汽车应用。目前,ZigBee联盟发布了首批成功完成互操作性测试的四款平台。这些平台将用来测试未来推出的ZigBee产品,为ZigBee在各领域的实际应用铺平道路。

5. E类车载网络标准

E类车载网络主要为安全总线,传输速率为10Mbit/s,主要用于安全气囊系统,以连接速度计、安全传感器等装置,为被动安全提供保障。目前已有一些公司研制了相关的总线和协议,包括BMW公司的Byteflight协议等。

Byteflight协议由宝马(BMW)、摩托罗拉(Motorola)、希尔科(Elmos)、英飞凌(Infineon)等公司共同开发的,试图用于安全保障系统。此协议基于灵活的TDMA协议、以10Mbit/s的速率传送数据,光纤可长达43m。其结构能够保证以一段固定的等待时间专门用于来自安全元件的高优先级信息,而允许低优先级信息使用其余的时段。这种决定性的措施对安全是至关重要的。Byteflight不仅可用于安全气囊系统的网络通信,还可用于X-by-Wire系统的通信和控制。宝马公司在其2010年推出的宝马7系列车型中,采用了一套名为ISIS的安全气囊控制系统,它是由14个传感器构成的网络,利用Byteflight来连接和收集前座保护气囊、后座保护气囊以及膝部保护气囊等安全装置的信号。在紧急情况下,中央计算机能够更快、更准确地决定不同位置的安全气囊的施放范围与时机,从而发挥最佳的保护效果。

除了以上的车载网络类型外,汽车还有诊断系统总线。故障诊断是现代汽车必不可少的一项功能、使用诊断系统的目的主要是为满足OBD-Ⅱ(On Board Diagnose)、OBD-Ⅲ或E-OBD(European-On Board Diagnose)标准。OBD-Ⅱ第二代车载诊断系统,由SAE于1994年提出。1994年以来,美国、日本、欧洲地区一些主要汽车生产厂为了维修方便,逐渐使用OBD-Ⅱ随车诊断系统。这一系统集故障自诊断系统软硬件结构、故障码、通信方式系统、自检测试模式为一体,具有监视发动机微机和排放系统部件的能力。

2004年,美国通用(GM)、福特(Ford)、克莱斯勒(Chrysler)三大汽车公司对乘用车采用基于CAN的J2480诊断系统通信标准。在欧洲,从2004年开始,欧洲汽车厂商就已经能够开始使用一种基于CAN总线的诊断系统通信标准——ISO 15765,它满足E-OBD的系统要求。

目前,除了CAN网络,LIN协议也已经成为汽车诊断的总线标准。目前,汽车的故障诊断主要是通过一种专用的诊断通信系统来形成一套较为独立的诊断网络,ISO 9141和ISO 14230就是这类技术上较为成熟的诊断标准。而ISO 15765适用于将车用诊断系统在CAN总线上加以实现的场合,从而适应了现代汽车网络总线系统的发展趋势。ISO 15765的网络服务符合基于CAN的车用网络系统的要求,是遵照ISO 14230-3及ISO 15031-5中有关诊断服务的内容来制定的,因此,ISO 15765对于ISO 14230应用层的服务和参数完全兼容,但并不限于只用在这些国际标准所规定的场合,因而有广泛的应用前景。

6. 车载总线网络技术

车载总线网络技术可以提供整车的通信速率,加强整车通信系统的稳定性及可靠性。基于总线网络技术的网络主要有 CAN、LIN、FlexRay、MOST 总线,根据不同的车载应用,某款车型的车载总线网络分布图如图 2-2 所示。

其中,车身部主要使用低速 CAN 总线和 LIN 总线,负责空调、车门、前照灯、车窗、仪表等器件的通信;信息部使用 MOST 总线,负责 MD/CD 碟盒、音视频、交通信息导航、电子防盗系统的通信;发动机传动部使用高速 CAN 总线,负责发动机和自动变速器的通信;底盘部使用高速 CAN 总线,负责转向、制动、胎压的通信;安全部使用专用的安全总线,负责乘客安全;ITS 部使用高速 CAN 总线,负责雷达、白线检测、自适应巡航等系统的通信。

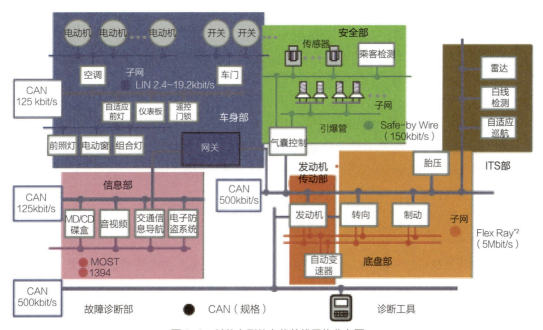

图 2-2 某款车型的车载总线网络分布图

二、CAN 总线网络技术

1. CAN 总线的定义

CAN 是 Controller Area Network(控制器局域网)的缩写,是 ISO 国际标准化的串行通信协议。在当前的汽车产业中,出于对安全性、舒适性、方便性、低公害、低成本的要求,各种各样的电子控制系统被开发了出来。由于这些系统之间通信所用的数据类型及对可靠性的要求不尽相同,由多条总线构成的情况很多,线束的数量也随之增加。为适应"减少线束的数量""通过多个 LAN,进行大量数据的高速通信"的需要,1986 年德国电气商博世公司开发出面向汽车的 CAN 通信协议。此后,CAN 通过 ISO 11898 及 ISO 11519 进行了标准化,现在在欧洲 CAN 已是汽车网络的标准协议。

2. CAN 总线的特点

作为一款广泛应用的总线,CAN 总线主要具有如下特点:

(1)多主控制

在总线空闲时,所有的单元都可开始发送消息(多主控制)。最先访问总线的单元可获得发送权(CSMA/CA)。两个以上的单元同时开始发送消息时,根据标识符(Identifier,ID)决定优先级。ID 并不是表示发送的目的地址,而是表示访问总线的消息的优先级。

(2)消息的发送

在 CAN 协议中,所有的消息都以固定的格式发送。总线空闲时,所有与总线相连的单元都可以开始发送新消息。两个以上的单元同时开始发送消息时,对各消息 ID 的每个位进行逐个仲裁比较。仲裁获胜(被判定为优先级最高)的单元可继续发送消息,仲裁失利的单元则立刻停止发送而进行接收工作。

(3)系统的柔软性

与总线相连的单元没有类似于"地址"的信息。因此在总线上增加单元时,连接在总线上的其他单元的软硬件及应用层都不需要改变。

(4)通信速度

根据整个网络的规模,可设定合适的通信速度。在同一网络中,所有单元必须设定成统一的通信速度。即使有一个单元的通信速度与其他的不一样,此单元也会输出错误信号,妨碍整个网络的通信。不同网络间则可以有不同的通信速度。

(5)远程数据请求

可通过发送"遥控帧"请求其他单元发送数据。

(6)错误检测、通知和恢复功能

所有的单元都可以检测错误(错误检测功能)。检测出错误的单元会立即同时通知其他所有单元(错误通知功能)。正在发送消息的单元一旦检测出错误,会强制结束当前的发送。强制结束发送的单元会不断反复地重新发送此消息,直到成功发送为止(错误恢复功能)。

(7)故障封闭

CAN 可以判断出错误的类型是总线上暂时的数据错误(如外部噪声等)还是持续的数据错误(如单元内部故障、驱动器故障、断线等)。由此功能,当总线上发生持续数据错误时,可将引起此故障的单元从总线上隔离出去。

(8)连接

CAN 总线是可同时连接多个单元的总线。可连接的单元总数理论上是没有限制的,但实际上受总线上的时间延迟及电气负载的限制。降低通信速度,可连接的单元数增加;提高通信速度,则可连接的单元数减少。

3. CAN 总线的网络分层结构

CAN 总线协议主要包括了ISO规定的开放式系统互联(Open Systems Interconnection,OSI)7层参考模型中的传输层、数据链路层及物理层。其分层结构及具体功能如图2-3所示。

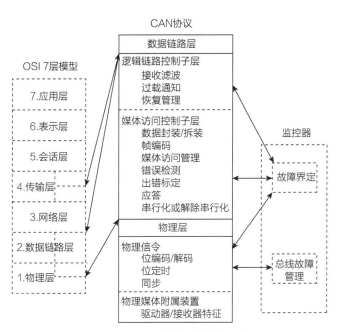

图 2-3　CAN 总线分层结构及功能

（1）物理层

在 OSI 参考模型中，物理层（Physical Layer）是参考模型的最底层，也是 OSI 模型的第一层。物理层利用传输介质为数据链路层提供物理连接，实现比特流的透明传输。物理层的作用是实现相邻计算机节点之间比特流的透明传送，尽可能屏蔽掉具体传输介质和物理设备的差异，使其上面的数据链路层不必考虑网络的具体传输介质是什么。"透明传送比特流"表示经实际电路传送后的比特流没有发生变化，对传送的比特流来说，这个电路好像是看不见的。

（2）数据链路层

数据链路层（Data Link Layer）是 OSI 模型的第二层，负责建立和管理节点间的链路。该层的主要功能是：通过各种控制协议，将有差错的物理信道变为无差错的、能可靠传输数据帧的数据链路。在计算机网络中由于各种干扰的存在，物理链路是不可靠的。因此，这一层的主要功能是在物理层提供的比特流的基础上，通过差错控制、流量控制方法，使有差错的物理线路变为无差错的数据链路，即提供可靠的通过物理介质传输数据的方法。该层通常又被分为介质访问控制（MAC）和逻辑链路控制（LLC）两个子层。MAC 子层的主要任务是解决共享型网络中多用户对信道竞争的问题，完成网络介质的访问控制。LLC 子层的主要任务是建立和维护网络连接，执行差错校验、流量控制和链路控制。数据链路层的具体工作是接收来自物理层的位流形式的数据，并封装成帧，传送到上一层。同样，也将来自上层的数据帧，拆装为位流形式的数据转发到物理层。并且，还负责处理接收端发回的确认帧的信息，以便提供可靠的数据传输。

（3）网络层

网络层（Network Layer）是 OSI 模型的第三层，它是 OSI 参考模型中最复杂的一层，也是通信子网的最高一层。它在下两层的基础上向资源子网提供服务，其主要任务是：通过路由选择算法，为报文或分组通过通信子网选择最适当的路径。该层控制数据链路层与传输层之间的信息转发，建立、维持和终止网络的连接。具体地说，数据链路层的数据在这一层被转换为数据包，然后通过路径选择、分段组合、顺序、进/出路由等控制，将信息从一个网络设备传送到另一个网络设备。一般地，数据链路层是解决同一网络内节点之间的通信，而网络层主要解决不同子网间的通信。例如在广域网之间通信时，必然会遇到路由（即两节点间可能有多条路径）选择问题。

（4）传输层

OSI 下三层的主要任务是数据通信，上三层的任务是数据处理。传输层（Transport Layer）是 OSI 模型的第四层。因此该层是通信子网和资源子网的接口和桥梁，起到承上启下的作用。该层的主要任务是向用户提供可靠的端到端的差错和流量控制，保证报文的正确传输。传输层的作用是向高层屏蔽下层数据通信的细节，即向用户透明地传送报文。传输层提供会话层和网络层之间的传输服务，这种服务从会话层获得数据，并在必要时对数据进行分割。然后，传输层将数据传递到网络层，并确保数据能正确无误地传送到网络层。因此，传输层负责提供两节点之间数据的可靠传送，当两节点的联系确定之后，传输层则负责监督工作。综上，传输层的主要功能如下：

1）传输连接管理：提供建立、维护和拆除传输连接的功能。传输层在网络层的基础上为高层提供"面向连接"和"面向无接连"的两种服务。

2）处理传输差错：提供可靠的"面向连接"和不太可靠的"面向无连接"的数据传输服务、差错控制和流量控制。在提供"面向连接"服务时，通过这一层传输的数据将由目标设备确认，如果在指定的时间内未收到确认信息，则数据将被重发。

（5）会话层

会话层（Session Layer）是 OSI 模型的第五层，是用户应用程序和网络之间的接口。将不同实体之间的表示层的连接称为会话，因此会话层的任务就是组织和协调两个会话进程之间的通信，并对数据交换进行管理。用户可以按照半双工、单工和全双工的方式建立会话。当建立会话时，用户必须提供他们想要连接的远程地址。而这些地址与 MAC（介质访问控制子层）地址或网络层的逻辑地址不同，它们是为用户专门设计的，更便于用户记忆。会话层的具体功能如下：

1）会话管理：允许用户在两个实体设备之间建立、维持和终止会话，并支持它们之间的数据交换。例如提供单方向会话或双向同时会话，并管理会话中的发送顺序，以及会话所占用时间的长短。

2）会话流量控制：提供会话流量控制和交叉会话功能。

3）寻址：使用远程地址建立会话连接。

4）出错控制：从逻辑上讲，会话层主要负责数据交换的建立、保持和终止，但实际的工作却是接收来自传输层的数据，并负责纠正错误。

（6）表示层

表示层（Presentation Layer）是 OSI 模型的第六层，它对来自应用层的命令和数据进行解释，对各种语法赋予相应的含义，并按照一定的格式传送给会话层。其主要功能是处理用户信息的表示问题，如编码、数据格式转换以及加密和解密等。表示层的具体功能如下：

1）数据格式处理：协商和建立数据交换的格式，解决各应用程序之间在数据格式表示上的差异。

2）数据的编码：处理字符集和数字的转换。例如由于用户程序中的数据类型（整型或实型、有符号或无符号等）、用户标识等都可以有不同的表示方式，因此，在设备之间需要具有在不同字符集或格式之间转换的功能。

3）数据的压缩和解压缩：为了减少数据的传输量，表示层还负责数据的压缩与恢复。

4）数据的加密和解密：可以提高网络的安全性。

（7）应用层

应用层（Application Layer）是 OSI 参考模型的最高层，它是计算机用户，以及各种应用程序和网络之间的接口，其功能是直接向用户提供服务，完成用户希望在网络上完成的各种工作。它在其他各层工作的基础上，负责完成网络中应用程序与网络操作系统之间的联系，建立与结束使用者之间的联系，并完成网络用户提出的各种网络服务及应用所需的监督、管理和服务等各种协议。此外，该层还负责协调各个应用程序间的工作。

4. CAN 总线的协议标准

CAN 总线的通信主要通过以下 5 种类型的帧进行：数据帧、遥控帧、错误帧、过载帧、帧间隔。其中，数据帧和遥控帧有标准格式和扩展格式两种格式。标准格式有 11 个位的标识符（Identifier，ID），扩展格式有 29 个位的 ID。

（1）数据帧

数据帧是发送单元向接收单元传送数据的帧，是 CAN 总线中用得最多的一种帧类型，主要由 7 个段组成，分别为帧起始（SOF）、仲裁段、控制段、数据段、CRC 段、ACK 段、帧结束（EOF）。其组成示意图如图 2-4 所示。

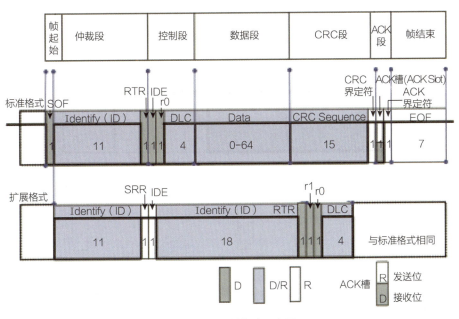

图 2-4　数据帧组成示意图

（2）遥控帧

遥控帧是接收单元向发送单元请求发送数据所用的帧。遥控帧由 6 个段组成，分别为帧起始（SOF）、仲裁段、控制端、CRC 段、ACK 段、帧结束，没有数据帧的数据段。其组成示意图如图 2-5 所示。

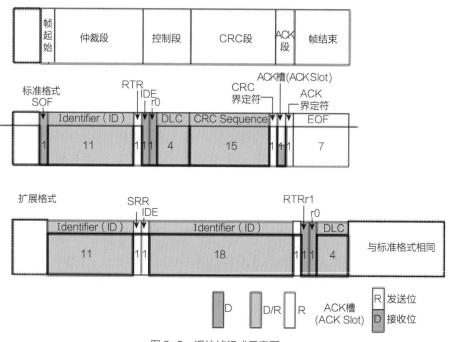

图 2-5　遥控帧组成示意图

（3）错误帧

错误帧用于在接收和发送消息时检测出错误时通知错误的帧，由错误标志和错误界定符构成。其组成示意图如图 2-6 所示。

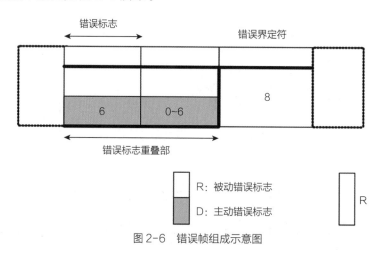

图 2-6　错误帧组成示意图

其中错误标志包括主动错误标志和被动错误标志 2 种，主动错误标志由 6 个位的显性位组成，被动错误标志由 6 个位的隐性位组成，错误界定符由 8 个位的隐性位构成。

（4）过载帧

过载帧是用于接收单元通知其尚未完成接收准备的帧，由过载标志和过载界定符构成。其组成示意图如图 2-7 所示。

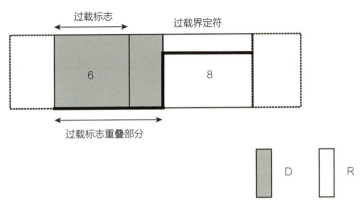

图 2-7　过载帧组成示意图

在过载帧中，过载标志由 6 个位的显性位构成，过载界定符由 8 个位的隐性位构成。

（5）帧间隔

帧间隔是用于分隔数据帧和遥控帧的帧。数据帧和遥控帧可通过插入帧间隔将本帧与前面的任何帧（数据帧、遥控帧、错误帧、过载帧）分开。过载帧和错误帧前不能插入帧间隔，其组成示意图如图 2-8 所示。

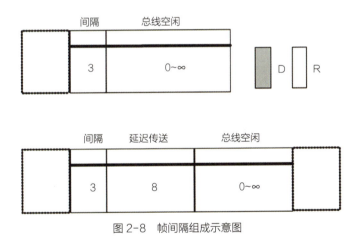

图 2-8　帧间隔组成示意图

帧间隔主要由间隔、总线空闲和延迟传送（发送暂时停止）三部分构成，其中间隔由 3 个位的隐性位构成。总线空闲是隐性电平，无长度限制（0 也可以），在该状态下，可视为总线空闲，要发送的单元可开始访问总线。延迟传送由 8 个位的隐性位构成，只在处于被动错误状态的单元刚发送一个消息后的帧间隔中包含的段。

5. CAN 总线的标准规格及总线拓扑

CAN 总线按照不同的应用领域和速率进行了细化分类，其标准规格见表 2-1。

表 2-1　CAN 总线标准规格

名称	速率/(bit/s)	规格	适用领域
SAE J1939-11	250k	双线式、屏蔽双绞线	货车、大客车
SAE J1939-12	250k	双线式、屏蔽双绞线、12V 供电	农用机械
SAE J2284	500k	双线式、双绞线（非屏蔽）	汽车（高速：动力、传动系统）
SAE J24111	33.3k、83.3k	单线式	汽车（低速：车身系统）
NMEA-2000	62.5k、125k、250k、500k、1M	双线式、屏蔽双绞线供电	船舶
DeviceNet	125k、250k、500k	双线式、屏蔽双绞线 24V 供电	工业设备
CANopen	10k、20k、50k、125k、250k、500k、800k、1M	双线式、双绞线可选（屏蔽、供电）	工业设备
SDS	125k、250k、500k、1M	双线式、屏蔽双绞线可选（供电）	工业设备

CAN 控制器根据两根线上的电位差来判断总线电平。总线电平分为显性电平和隐性电平，两者必居其一。发送方通过使总线电平发生变化，将消息发送给接收方。

6. CAN 总线应用示例

CAN 控制器根据两根线上的电位差来判断总线电平。总线电平分为显性电平和隐性电平，两者必居其一，发送方通过使总线电平发生变化，将消息发送给接收方。其应用示例如图 2-9 所示。

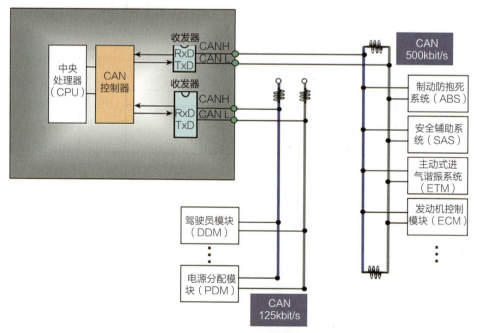

图 2-9　CAN 总线应用示例

在应用示例图中,主要给出了125kbit/s和500kbit/s两种类型的CAN总线连接图。CPU将控制信号发送给CAN控制器,CAN控制器通过CAN收发器将信号传输给500kbit/s和125kbit/s两类速率总线,其中500kbit/s总线结构上的负载单元主要有ABS、SAS、ETM、ECM等,125kbit/s总线结构上的负载单元主要有DDM、PDM等,负载单元将信号再传输到收发器中与CAN控制器和CPU进行通信,进而完成信息的交互。

三、LIN总线网络技术

1. LIN总线的定义

LIN是Local Interconnect Network(本地互联网络)的缩写,是基于UART/SCI(Universal Asynchronous Receiver Transmitter/Serial Communication Interface,通用异步收发器/串行通信接口)的低成本串行通信协议,可用于汽车、家电、办公设备等多种领域。1996年,沃尔沃(Volvo)和Volcano通讯(VCT)为Volvo S80系列开发了一种基于UART/SCI的协议,即Volcano Lite。1997年,Motorola与Volvo和VCT合作,帮助它们改进Volcano Lite协议以满足各种不同需求(如无须晶振的从机设备自动同步),并制定可以支持各种半导体产品的开放标准。1998年12月,奥迪(Audi)、宝马(BMW)、戴姆勒集团(Daimler AG)和大众(Volkswagen)也加入进来,由此形成了LIN协会。开发LIN协议的目的在于适应分层次车内网络在低端应用(速度和可靠性要求不高、低成本的场合)的需求。

2. LIN总线的特点

1)网络由一个主机节点和多个从机节点构成。
2)使用LIN可以大幅度削减成本。
① 开放型规范:规范可以免费从官方网站获得。
② 硬件成本削减:基于普通UART/SCI接口的低成本硬件实现,无须单独的硬件模块支持。从机节点不需要高精度时钟就可以完成自同步;总线为一根单线电缆。
③ 装配成本削减:LIN采用了工作流(Work Flow)和现成节点(Off-the-shelf Node)的概念,将网络装配标准化,并可通过LIN传输层进行再配置。
④ 缩短软件开发周期:LIN协议将应用编程接口(Application Programming Interface,API)标准化。
3)信号传输具有确定性,传播时间可以提前计算出。
4)LIN具有可预测的电磁兼容性(Electronic Magnetic Compatibility,EMC)性能。为了限制电磁干扰(Electronic Magnetic Interference,EMI)强度,LIN协议规定最大位速率为20kbit/s。
5)LIN提供信号处理、配置、识别和诊断四项功能。

3. LIN总线的拓扑结构

LIN的拓扑结构为单线总线,应用了单一主机多从机的概念。总线电平为12V,传输位速率(Bitrate)最高为20kbit/s。由于物理层限制,一个LIN网络最多可以连接16个节点,典型应用一般都在12个节点以下，主机节点有且只有1个，从机节点有1~15个。主机节点（Master Node）包含主机任务（Master Task）和从机任务（Slave Task），从机节点（Slave Node）只包含从机任务。其总线拓扑结构如图2-10所示。

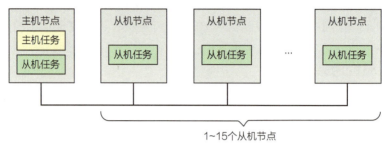

图2-10　LIN总线拓扑结构

在LIN总线结构中，主机任务负责调度总线上帧的传输次序和监测数据，处理错误并作为标准时钟参考，接收从机节点发出的总线唤醒命令。

从机任务不能够主动发送数据，需要接收主机发送的帧头（帧的起始部分），根据帧所包含的信息（帧ID）判断发送应答（帧中除帧头外剩下的部分）、接收应答、既不接收也不发送应答。

4. LIN总线的帧类型

LIN总线的通信主要是通过各种帧类实现的，其中主要包括无条件帧、事件触发帧、偶发帧、诊断帧和保留帧。

（1）无条件帧

无条件帧（Unconditional Frame）是具有单一发布节点，无论信号是否发生变化，帧头都是无条件应答的帧。无条件帧在主机任务分配给它的固定的帧时隙中传输。总线上一旦有帧头发送出去，必须有从机任务进行应答（即无条件发送应答），如图2-11所示，其中列出的帧ID的值只是为了举例说明，协议并未强制规定。

帧ID=0x30应答部分的发布节点为从机节点1，收听节点为主机节点。典型应用如从机节点1向主机节点报告自身某信号的状态。

帧ID=0x31应答部分的发布节点为主机节点，收听节点为从机节点1和从机节点2。典型应用如主机节点向从机节点发布信息。

帧ID=0x32应答部分的发布节点

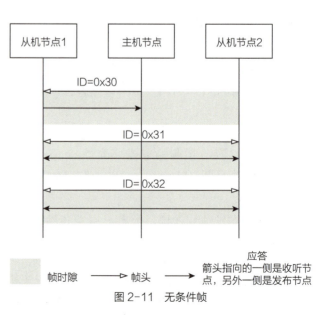

图2-11　无条件帧

为从机节点2，收听节点为从机节点1。典型应用如从机节点之间彼此通信。

（2）事件触发帧

事件触发帧（Event Triggered Frame）是主机节点在一个帧时隙中查询各从机节点的信号是否发生变化时使用的帧，当存在多个发布节点时，通过冲突解决进度表来解决冲突。当从机节点信号发生变化的频率较低时，主机任务一次次地轮询各个信号会占用一定的带宽。为了减小带宽的占用，引入了事件触发帧的概念。

事件触发帧的典型应用就是轮询四个车门的开关情况。与其利用无条件帧每个车门轮询一遍，不如同时对四个车门进行询问，如果其中一个车门打开了（事件发生），则该车门要对询问进行应答，即事件触发的含义。这样做可以减小带宽，但同时会导致两种现象，其一就是没有车门被打开，即无节点应答——事件触发帧允许一帧中只有帧头无应答；另外一种情况就是冲突，即同时有大于或等于两个车门被打开，对该问题同时作答——事件触发帧允许两个以上的节点对帧头进行应答而不视为错误。当发生冲突时，主机节点需要重新进行轮询，这样会增加一些响应时间，但由于事件触发帧本身就用来处理低概率事件，总体来说还是节省了带宽。

原先用作轮询的无条件帧，称为与该事件触发帧关联的无条件帧，即事件触发帧的应答部分是与其关联的无条件帧所提供的应答。当发生冲突时，需要立刻中断当前的进度表，启动冲突解决进度表（Collision Resolving Schedule），重新调用这些关联的无条件帧。其中，冲突解决进度表要求包含所有的关联的无条件帧。

图2-12所示为事件触发帧，其帧ID为0x10，与其关联的两个无条件帧的帧ID分别是0x11和0x12，这些帧ID的值只是为了举例说明，协议并未强制规定。

与事件触发帧关联的多个无条件帧需要满足以下条件：①数据段包含的数据字节数等长；②使用相同的校验和类型；③数据段的第一个字节为该无条件帧的受保护ID，这样才能够知道应答是哪个关联的无条件帧发送出来的；④由不同的从机节点发布；⑤不能与事件触发帧处于同一个进度表中。

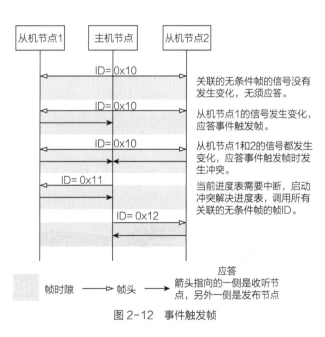

图2-12 事件触发帧

（3）偶发帧

偶发帧（Sporadic Frame）是主机节点在同一帧时隙中，当自身信号发生变化时向总线启动发送的帧。当存在多个关联的应答信号变化时，通过事先设定的优先级来仲裁。与事件触发帧一样，偶发帧的应答也关联了一组无条件帧。规定偶发帧只能由主机节点作为发布节点。偶发帧的传输可能出现三种状况：当关联的无条件帧没有信号发生变化时，该时隙保持沉默；当其中一个关联的无条件帧包含的信号发生了变化，则发送该关联的无条件帧的应答部分；如果有两个或两个关联的无条件帧包含的信号发生了变化，则按照事先规定好的优先级排序，优先级较高的关联的无条件帧获得发送权，优先级较低的要等到下一个偶发帧的帧头到来时才能发送应答。

由于主机节点是唯一的发布节点，所以主机节点事先就知道各个关联信号的优先级别，这样在传输时就不会产生冲突。引入偶发帧的目的在于为进度表增加一些动态特性——当主机节点的信号发生变化时才有通信发生。事件触发帧和偶发帧反映了帧在不同时机（信号变化或未发生变化）的传输状况，引入它们的目的是为了增加通信的灵活性。

（4）诊断帧

诊断帧（Diagnostic Frame）包括主机请求帧（Master Request Frame，MRF）和从机应答帧（Slave Response Frame，SRF），主要用于配置、识别和诊断用。主机请求帧的帧 ID=0x3C，应答部分的发布节点为主机节点；从机应答帧的帧 ID=0x3D，应答部分的发布节点为从机节点。数据段规定 8 个字节，一律采用标准型校验和。

（5）保留帧

保留帧（Reserved Frame）的帧 ID 为 0x3E 和 0x3F，为将来扩展用。

5. LIN 总线的应用示例

LIN 总线的典型应用如图 2-13 所示，其在实际汽车应用中一般不会单独存在，经常与上层网络（如 CAN）相连。其中黄色方块为 LIN 总线的从机节点，蓝色方块为 LIN 的主机节点，一个节点即一个 LIN 接口，但是一个节点不一定对应一个电子控制单元（Electronic Control Unit，ECU），因为一个 ECU 可能提供多个 LIN 接口，并且这些接口可能连接到不同的 LIN 通信子网中。LIN 网络与主干线 CAN 总线相连时，需要加入 CAN-LIN 网关，一般由主机节点来充当。例如，图 2-13 中的空调主控是通过 CAN 总线来进行控制的，该 CAN 节点将控制数据发送给空调 - 天窗 LIN 节点、刮水器 LIN 节点、雨量传感器 LIN 节点来进行通信及控制。

图 2-13 LIN 总线典型应用

四、FlexRay 总线网络技术

1. FlexRay 总线的概念

随着汽车电子电器架构复杂度的提升,尤其是当前辅助驾驶系统、无人驾驶技术的快速发展,传统的 LIN、CAN 总线无法满足高带宽的要求,也不能解决该问题,因此一种新的总线 FlexRay 诞生了。FlexRay 关注的是当今汽车行业的一些核心需求,包括更快的数据速率、更灵活的数据通信、更全面的拓扑选择和容错运算。FlexRay 的出现和发展离不开 2000 年由戴姆勒集团(Daimler AG)、宝马(BMW)、摩托罗拉(Motorola)和飞利浦(Philips)创建的 FlexRay 联盟的推动。该联盟的目标是开发一种独立于 OEM、确定性和容错的 FlexRay 通信标准,该联盟的每个成员都可以使用该标准而无须支付许可费。目前,FlexRay 联盟的核心成员包括:博世(Bosch)、宝马(BMW)、戴姆勒集团(Daimler AG)、通用(GM)、大众(Volkswagen)、恩智浦(NXP)。FlexRay 联盟在 2010 年发布了 3.0.1 版规范,开始推动作为 ISO 标准,并在 2013 年发布了 ISO 17458。

第一款采用 FlexRay 的量产车于 2006 年底在 BMW X5 中推出,应用在电子控制减振系统中(图 2-14)。国内领克等车型上也逐渐应用。

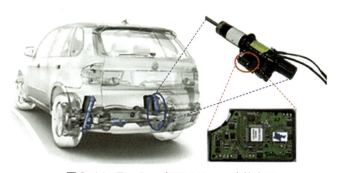

图 2-14 FlexRay 在 BMW X5 中的应用

2. FlexRay 总线的特点

FlexRay 是专为车内局域网设计的一种具备故障容错的高速可确定性车载总线系统,采用了基于时间触发的机制,并且具有高带宽、容错性好等特点,在实时性、可靠性及灵活性方面都有很大的优势,非常适用于安全性要求较高的线控场合及带宽要求高的场合。其具有如下特点:

(1)高速率和容错性

FlexRay 支持两通道,可通过一个或两个通道进行数据传输,单个通道的数据传输速率可达 10Mbit/s,通过两通道平行传输数据时可达 20Mbit/s;也可通过双通道传输相同的数据(真实情况大多应用的方式),当其中某个通道出现故障或信息有误时,另一通道可继续正常传输,并影响整个网络的数据通信,通过这种冗余备份实现很好的容错性。

(2)确定性

FalexRay 是一种时间触发式的总线系统,符合时分多址(Time Division Multiple Access,TDMA)的原则,因此在时间控制区域内,时隙会分配给确定的消息,即会将规定好的时间段分配给特定的消息，时隙是经固定周期重复的，也就是说信息在总线上的时间可以被预测出来，因此保证了其确定性。这就意味着控制信号是根据预定义的时间进度传输的，无论系统外部发生什么情况，都不会产生计划外事件。在确定性算法中，始终会预先定义正确的输出结果，这些结果是基于特定输入的。

（3）灵活性

FlexRay 除了支持时间触发式通信外，还可通过事件触发来进行数据的传输。例如对于时间要求不高的信息，可配置在事件控制区域内传输，可形成以时间触发为主，兼顾事件触发的灵活特性。

3. FlexRay 总线的数据传输及帧格式

FlexRay 规范定义了 OSI 参考模型中的物理层和数据链路层，每个 FlexRay 节点通过一个 FlexRay Controller（控制器）和两个 FlexRay Transceivers（用于通道冗余）与总线相连。FlexRay Controller 负责 FlexRay 协议中的数据链路层，FlexRay Transceivers 则负责总线物理信号接收发送。FlexRay 可采用屏蔽或不屏蔽的双绞线，每个通道有两根导线，即总线正（Bus-Plus，BP）和总线负（Bus-Minus，BM）组成，采用不归零法（Non-Return to Zero，NRZ）进行编码。

可通过测量 BP 和 BM 之间的电压差识别总线状态，这样可减少外部干扰对总线信息的影响，因这些干扰同时作用在两根导线上可相互抵消。每一通道需使用 80~110Ω 的终端电阻。

FlexRay 的帧格式主要由起始段、有效负载段和结束段三大部分构成，见表 2-2。

表 2-2　FlexRay 帧格式

起始段					有效负载段	结束段
状态位	帧 ID	工作区长度	头部校验码	循环计数器		循环冗余校验
5 位	11 位	7 位	11 位	6 位	0~254B	24 位

（1）起始段

起始段由40个位构成，包括5个位的状态位（Status Bits）、11个位的帧ID（数据标志符，定义了在时间窗口Slot中发送的号码，每个通道数据标志符需唯一）、7个位的工作区长度（Payload length，指示该帧含有的有效数据长度，在每个Cycle下的静态区中，每帧的数据长度是相同的，在动态区的长度则是不同的）、11个位的头部校验码（Hedaer CRC，用于起始段冗余校验，检查传输中的错误）和6个位的循环计数器（Cycle count）。其中，5位的Status Bits包含4类指示符：净荷指示位（Payload Preamble Indicator）、空帧指示位（Null Frame Indicator，指明该帧是否为无效帧）、同步帧指示位（Sync Frame Indicator，指明该帧是否为一个同步帧）和起始帧指示位（Startup Frame Indicator，指明该帧是否为起始帧）。

（2）有效负载段

有效负载段包含要传输的有效数据，有效数据长度最大为254B。

（3）结束段

结束段包含 24 位的检验域，是由起始段和有效负载段计算得出的 CRC 校验码。计算 CRC 时，根据网络传输顺序从保留位到有效负载段的最后一位放到 CRC 生成器中进行计算。

4. FlexRay 总线的拓扑结构

FlexRay 总线的拓扑结构主要分为 3 种：总线形、星形、混合形。

一般来说，FlexRay 的节点可以支持双信道，因此可以分为单信道和双信道两种系统。在双信道系统中，并非所有的节点都需要和两个信道相连接。总线形结构即 FlexRay 节点挂载于总线之上，节点可以选择连接双总线或者单总线进行连接，通过总线进行多数据共享，总线上的任意一个节点都可以接收到总线的数据，节点之间发出的信息也可以被总线上的多个节点接收。其结构如图 2-15 所示。

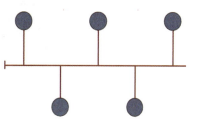

图 2-15　总线形拓扑结构

星形结构可在接收器和发送器之间提供点到点连接，该连接方式可在高传输速率和长传输线路中提高数据的传输速率和冗余性能，此外还可以实现错误分离功能。如果信号传输使用双线路短路，则总线系统在该信道内不能进行下一步通信。星形结构中只有连接短路的节点才会受到影响，其余节点均可与其他节点继续通信工作。其结构如图 2-16 所示。

混合形结构由总线形和星形拓扑结构混合构成，可以兼顾传输距离和传输性能，适用于较为复杂的车载网络类型。其结构如图 2-17 所示。

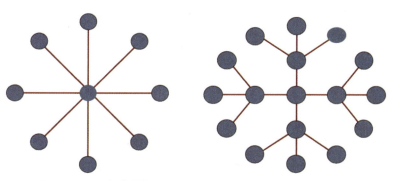

图 2-16　星形拓扑结构　　　图 2-17　混合形拓扑结构

5. FlexRay 总线的应用

FlexRay 总线目前应用在宝马公司的 X5 运动型多功能汽车的 Adaptive Drive 系统中，其系统结构如图 2-18 所示。该系统基于恩智浦（NXP）半导体的 32 位 FlexRay 控制器，该控制器可以监测车辆的速度、转向盘转角、纵向加速度、横向加速度、车身高度、车身加速度等多个因素。驾驶员可以选择"Sport"或"Comfort"驾驶模式，Adaptive Drive 可以通过液压辅助调节装置调整悬架高度、防侧倾杆等元件来调整车辆的侧倾角和阻尼。宝马选择了使用 10Mbit/s 速率的 FlexRay 来实现这项功能。

图 2-18 宝马 Adaptive Drive 系统
1—电控单元 2—位置传感器 3—液压辅助装置

五、MOST 总线网络技术

1. MOST 总线的定义

MOST（Media Oriented Systems Transport）总线是一种用于多媒体数据传送的网络系统。MOST 总线系统采用光纤作为物理层的传输介质，主要连接整车的视听设备、通信设备以及信息服务设备（如车载音响、车载电视、GPS 电话等），其总线连接设备图如图 2-19 所示。

图 2-19 MOST 总线连接设备图

2. MOST 总线的特点

1）使用光纤作为传输介质，可以优化信息传送的质量，光纤网络不会受到电磁辐射干扰和搭铁的影响。

2）传输速率快：在保证低成本的条件下最高可以达到 147.5Mbit/s 的速率。

3）无论是否有主控计算机都可以工作，并且支持声音和压缩图像的实时处理，最多可以同时传输 15 个频道的非压缩音频数据。

4）支持数据的同步及异步传输，一次最多传输 60B。同时发送 / 接收器嵌有虚拟网络管理系统。

5）MOST 网络支持"即插即用"方式，在网络上可以随时添加和删除设备。

6）MOST 网络最多可连接 64 个节点，并且提供方便简洁的应用系统界面。

3. MOST 总线的拓扑结构和网络层级

MOST 总线最常使用的是环形拓扑结构，各种组件通过单塑料光纤进行连接。在环形网络中，每个组件都是 MOST 网络的一个节点，MOST 网络是一个大型的一到多的数据传输网络，该传输网络最多支持 64 个节点。

MOST 网络包含了 ISO 规定的 OSI 模型的所有 7 层结构。OSI 分层、MOST 网络分层和硬件分层的对应关系如图 2-20 所示。

图 2-20　OSI 分层、MOST 网络分层和硬件分层的对应关系

MOST 网络应用层主要是功能块以及相应的动态特性。功能块定义了由"属性"和"方法"构成的应用层协议接口。"属性"用于描述功能块的相关属性，"方法"用于执行相应的操作，利用"属性"和"方法"，可以对整个 MOST 网络进行控制。

网络服务层可分为网络服务基础层和网络服务应用接口层两部分。网络服务基础层主要提供管理网络状态、信息接收 / 发送驱动和流信道分配等底层服务；网络服务应用接口层提供与功能块的接口，包括命令解释等。

4. MOST 总线的帧格式

MOST 总线最重要的帧格式是数据帧，数据帧是由传播流媒体数据的同步数据区、传播数据包的异步数据区和专门传输控制数据的控制信道组成。其数据帧格式分为 MOST25 和 MOST50 两种。MOST25 的数据帧的长度是 512bit，64 个字节；MOST50 的数据帧长度为 1024bit，128 字节。MOST25 中，每帧有 2 字节长度用于控制消息的传输，16 帧才能构成一个控制信息块。MOST25 数据帧格式如图 2-21 所示。

| 前导符 | 边界描述符 | 同步数据区 | 异步数据区 | 控制信道 | 帧控制 | 检验位 |

图 2-21　MOST25 数据帧格式

前导符占 4bit，每个节点是利用前导符与网络同步的；边界描述符占 4bit，边界描述符由时间主节点确定，取值范围为 6~15，表明后面数据段同步区与异步区各自所占的带宽；同步数据区占 24~60 字节，异步数据区占 0~36 字节，两个区共占用 60 个字节，它们的分界靠边界描述符限定，以每 4 个字节为单位进行调节；控制信道占 2 个字节，控制数据可以用控制信道进行传递；帧控制和校验位占 1 个字节。

5. MOST 总线的应用

当前 MOST 总线主要应用于高端汽车中，包括宝马 5 系、7 系轿车和奥迪 A6L、A8 等轿车。本应用中以奥迪 A6L 为例，介绍 MOST 总线的应用。奥迪 A6L 的 MOST 总线应用图如图 2-22 所示。

图中红色部分是 MOST 总线的网关，网关的数据通过 MOST 总线传递给各个 MOST 节点，在 A6L 中主要包括导航、CD 机、电话系统、数字音响系统、电视（高配车型）、数字音响广播、通信盒等。数据通过 MOST 总线进行传输从而组成了一个环形的 MOST 网络结构。

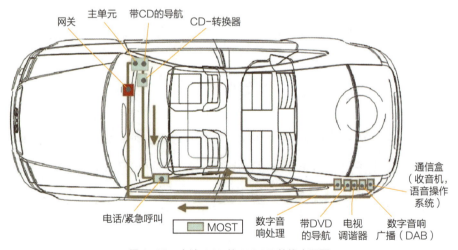

图 2-22　奥迪 A6L 的 MOST 总线应用图

六、车载以太网

1. 车载以太网的定义

车载以太网是一种利用有线网络连接汽车内的各种组件的物理网络，示意图如图 2-23 所示。它可满足汽车市场的需求，包括电气要求（EMI/RFI 发射和 EMC）、带宽要求、延迟要求、同步和网络管理要求。以太网的类型主要包括标准以太网（10Mbit/s）、快速以太网（100Mbit/s）、千兆以太网（1000Mbit/s）和万兆以太网（10Gbit/s）。

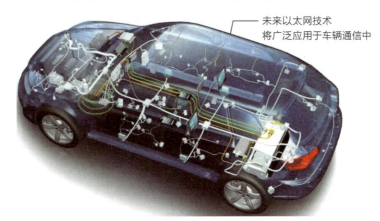

未来以太网技术将广泛应用于车辆通信中

图 2-23　车载以太网示意图

2. 车载以太网的特点

（1）可提供的带宽高

可以为车联网的实时交通信息和娱乐信息传输及智能驾驶大量传感器数据传输和处理提供更高的车内总线带宽。

（2）可减少布线复杂度

放弃点对点的传统布线连接，只将各个设备连接到车载网关控制器上，大大减少了车内布线的复杂度。

（3）采用 BroadR-Reach 技术

用单对的非屏蔽双绞线进行信号传输，能够提供 100Mbit/s 及更高的宽带性能，可以减轻电缆重量、降低连接成本。

3. 车载以太网的拓扑结构

车载以太网的拓扑结构决定着车载以太网的性能及成本，拓扑结构的不同会影响着现阶段硬件设备的设计，主要包括线束布线、收发器芯片、连接器、交换机、滤波器等，也会影响到软件的复杂程度。交换机是网络优化的主要因素，增添了组建网络拓扑的灵活性，因此需要仔细考虑交换机在网络中所处的位置。基于车载以太网的 P2P 的交换网络和全双工的工作模式，常规通信 CAN 的总线模式无法适用于以太网系统中；对于 MOST 的环线结构也存在着不易增加新节点、组网单一灵活性差等缺点；因此常规现阶段应用于车载以太网的拓扑结构主要是菊花链拓扑、星形拓扑和树形拓扑。

（1）菊花链拓扑

菊花链拓扑是指通过节点连接节点串联的方式组成的一种拓扑结构，如同菊花的花瓣一样。菊花链式的拓扑模型传输效率慢，信号要经过多次转发后才有可能到达接收节点。菊花链的最大缺点是一旦数据链路中的某节点发生故障掉线之后，它下面连接的节点就不可能与其他节点进行数据通信。尽管菊花链拓扑存着诸多的缺点，但在车载的以太网通信中也并不是完全不可取的。对于节点较少的车型，采用菊花链拓扑的方式可以大量降低布线的数量及长度,同时也可以实现设备端的标准化,这在一定程度上可以有效降低成本,但是一旦节点增多、数据量增大,那么菊花链的缺点就会暴露出来。

(2)星形拓扑

星形拓扑结构的网络属于集中控制型网络,整个网络由中心节点执行集中式通行控制管理,各节点间的通信都要通过中心节点。每一个要发送数据的节点都将要发送到数据发送中心节点,再由中心节点负责将数据送到目地节点。因此,中心节点相当复杂,而各个节点的通信处理负担都很小,只需要满足链路的简单通信要求。星形网中任何两个节点要进行通信都必须经过中央节点控制。因此,中央节点的主要功能有三项:当要求通信的节点发出通信请求后,控制器要检查中央转接站是否有空闲的通路、被叫设备是否空闲,从而决定是否能建立双方的物理连接;在两台设备通信过程中要维持这一通路;当通信完成或者不成功要求拆线时,中央转接站应能拆除上述通道。

在车载以太网中,星形拓扑的核心是选择一个 ECU 作为核心并集成开关模块,大众汽车公司就曾将星形结构应用于以太网中。星形拓扑的结构更加符合现阶段域控制器集成的思路,电子电气系统从分散排布到现阶段的集成思路,多个控制模块逐渐集成到域控制器中(特斯拉的 Model 3 设计是两个域控制器),通信速度较快,省略了多个 ECU 之间的通信,交换机只需要放到其中的一个节点中(一般选取域控制器),其他节点省去了硬件部分设计,但是同时依然存在一个很重要的问题那就是交换机的接口数量的设计,这也就影响着有多少个传感器可以集成到这个域控制器下,涉及域控制器的硬件设计的通用性和标准化。对于星形结构,影响信号稳定性很重要的因素就是分支长度,分支长度越小,产生的信号也就越好,那就意味着星形结构的分支长度越少越好,但是对于集中式拓扑结构或造成某分支要跨越几乎整个车长来到域控制器处,因此信号的稳定性依然存在问题。

在车载以太网中,星形结构可以实现 P2P 的快速通信,但是在布线上由于传感器的分散布置的可能性会导致布线成本的上升,一个域控制器要集成一个交换机同时完成多个传感器的数据信息的交换,这就意味着接口的数量将会是巨大的。同时,接口数量也缺少统一的设计标准,毕竟对于 ADAS 硬件传感器的数量和布置以及电气架构的思路,各大主机厂商还处于百家争鸣的阶段,尚没有达成共识。

(3)树形拓扑

树形拓扑的思想参考了树干的分支,类似于从树的底部往上的枝干情况不断地分离出来,分布结构可以在物理上产生非常清晰的结构图。树形拓扑的主要优势如下:

1)易于扩展。可以延伸出很多分支和子分支,因而容易在网络中加入新的分支或新的节点(设计之初就考虑到扩展的可能性,预留接口)。

2)易于隔离故障。如果某一线路或某一分支节点出现故障,它主要影响局部区域,因而能比较容易地将故障部位跟整个系统隔离开(通过掉线的方式使该节点被隔绝)。

3)降低数据处理负载。数据处理分散展开,不完全依靠单一中心处理器,降低了中心 ECU 数据处理负载。

4)节约成本。树形结构在一定程度上减少了布线的数量和长度,节约了成本,可以实现控制器交换机接口数量的标准化。树形结构既拥有灵活的扩展能力,也有较快的传输速度,在布线总量上也会有一定的优势,具有较好的应用前景。不过,树形拓扑和星形拓扑具有相同的缺点,就是对于中心控制器的依赖程度巨大,一旦中心控制器失效,整个数据结构都会失效。

4. 车载以太网的帧结构

以太网在发送数据时,MAC 层将 LLC 层传递的数据经过加工后再通过物理层进行发送。MAC 层传递给物理层的数据为 MAC 帧,也就是以太网的数据帧格式,其主要由 6 部分构成:前导码与帧界定、目标 MAC、源 MAC、类型/长度、数据和帧校验,见表 2-3。

表 2-3 以太网的数据帧结构

物理层		数据链路层				
前导码	帧界定	目标 MAC	源 MAC	类型/长度	数据	帧校验
7 字节	1 字节	6 字节	6 字节	2 字节	46~1500 字节	4 字节

(1)前导码与帧界定

该部分主要包括 7 个字节的前同步码和 1 个字节的帧起始界定符,其中前导码的字节都是 10101010,帧起始界定符为 10101011。该部分的主要作用是使接收节点进行同步并做好接收数据帧的准备并且进行时钟同步。

(2)目标 MAC

目标 MAC 由 6 个字节构成,主要表示接收节点的地址。目标 MAC 可以是单址(当此信息是两个通信节点之间的信息交流的时候,帧信息的目的节点的 MAC 地址是针对某一特定的通信节点)、多址和全址(目标节点是某一组 VLAN 或者所有节点产生的组播信息或者广播信息)。

(3)源 MAC

源 MAC 由 6 个字节构成,源 MAC 标识了最后一个转发该帧设备的物理地址,其只能是单址。

(4)类型/长度

类型/长度由 2 个字节构成,可同时表达类型和长度,并且支持除了 IP 协议之外的不同网络层协议以及承载于以太网内部帧的协议(例如 ARP)。

(5)数据

数据帧由 46~1500 个字节构成,其包含了要求发送的实际数据。数据帧主要包括 4 个字节的包头、88 个字节的数据流 ID、4 个字节的 AVB 呈现时间、88 个字节的格式与数据信息以及 0~1476 个字节需要传递的数据信息。

(6)帧校验

帧校验由 4 个字节构成,主要作用是校验除了前导码之外的所有帧的信息,以保证传输的帧的完整性和正确性。如果计算结果与接收的帧校验不一致,那么说明发生了传输错误。

5. 车载以太网的应用前瞻

下一代车载控制器正逐渐朝着域控制器领域发展，下一代汽车网络架构会由一个中央网关以及数个域控制器单元组成，中央网关和域控制器之间通过车载以太网连接，在域控制器内部通过以太网或高速 CAN 连接，如图 2-24 所示。目前，各大汽车厂商正在研究这种架构。

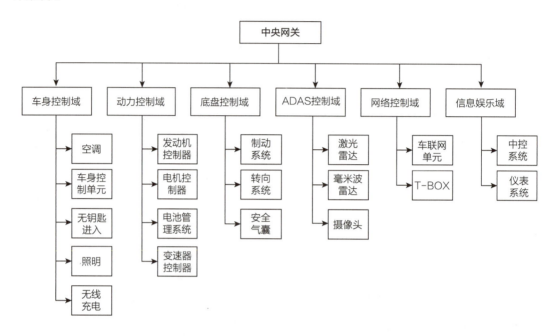

图 2-24　下一代汽车网络架构

下一代汽车网络架构集成了车身控制域、动力控制域、底盘控制域、ADAS 控制域、网络控制域和信息娱乐域等多个领域模块。如今，汽车正逐渐朝着智能化、电气化发展，因此以 GPS、V2X、5G 网络为主的无线连接技术以及基于复杂传感器及算法的 ADAS 技术需要更快的数据传输速率。将来汽车内部的每个域、每个 ECU 单元，包括座椅、车窗、节气门、制动、发动机、转向、轮胎、悬架、电力系统都将接入云中心，连接大数据的服务，以及空中下载技术（OTA）在线升级的服务等。

网联技术篇

第三章　智能网联汽车无线通信技术

一、无线通信技术的定义及分类

无线通信是利用电磁波信号可以在自由空间中传播的特性进行信息交换的一种通信方式。该系统一般由发射器、传输介质和接收器组成,传输介质一般为电磁波,发射器和接收器需要安装天线来对信号进行收发,该系统的组成如图3-1所示。

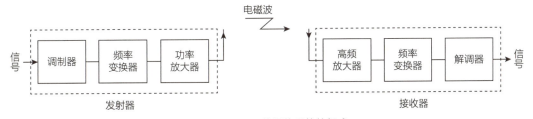

图3-1　无线通信系统的组成

发射器是将原始的信号源转换成适合在给定传输介质上传输的信号,其中包括调制、频率变换、功率放大等。调制器将低频信号加到高频载波信号上,频率变换器进一步将信号变换成发射电波所需要的频率(如短波频率、微波频率等),经功率放大器放大后,再通过天线发射出去进行传输。

接收器是将收到的信号还原成原来的信息送至接收端。接收器把天线接收下来的射频载波信号,经过信号放大、频率变换,最后经过解调的过程再将原始信息恢复出来,从而完成无线通信。

无线通信技术一般可分为两类:移动无线通信技术和短程无线通信技术。其中,移动无线通信技术主要是基于蜂窝网络进行通信,该技术依靠中央协调的方式进行操作;短程无线通信技术主要是采用分布式系统进行操作。在车联网技术当中,用于车辆间通信的短程无线通信技术正在从基础设施的支持以及中央服务中获益,且可以使用分配好的专用频段。本书主要介绍这两类无线通信技术在当前量产车型中的应用。

二、4G 网络技术

1. 4G 网络技术的定义

4G 网络技术是第四代移动通信系统,该系统是在 3G 技术上的一次改良并基于长期演进技术(Long Tearm Evolution,LTE)发展而来的。LTE 是由第三代合作伙伴计划(3GPP)组织制定的通用移动通信系统(UMTS)技术标准的长期演进,在 2009 年投入使用,国际电信联盟在 2010 年将 LTE 正式命名为 4G。该技术是基于重新设计的空中接口、重新设计的无线接入网络和重新设计的核心网络,在 4G 技术中所有网络组件的基本技术均为 IP。

2. 4G 网络技术的特点

(1)高速率

4G 的信息传输速率要比 3G 高一个等级,最高传输速率从 2Mbit/s 提高到 10Mbit/s。

(2)灵活性强

4G 采用智能技术,可自适应地进行资源分配;采用智能信号处理技术对信道条件不同的各种复杂环境进行信号的正常收发,有很强的智能性、适应性和灵活性。

(3)兼容性好

目前国际电信联盟(International Telecommunication Union,ITU)承认的、已有相当规模的移动通信标准有全球移动通信系统(GSM)、码分多址(CDMA)和时分多址(TDMA)三大分支,可通过 4G 标准的制定来解决兼容问题。

(4)用户共存性

4G 能根据网络的状况和信道条件进行自适应处理,使低、高速用户和各种用户设备能够并存与互通,从而满足多类型用户的需求。

(5)业务多样性

未来通信中所需的是多媒体通信、个人通信、信息系统、广播和娱乐等将结合成一个整体。4G 能提供各种标准的通信业务,满足宽带和综合多种业务需求。

(6)技术基础较好

4G 将以几项突破性技术为基础,如正交频分复用(OFDM)、无线接入、软件无线电等,能大幅提高频率使用效率和系统可实现性。

(7)随时随地移动接入

4G 利用无线接入技术,提供话音、高速信息业务、广播及娱乐等多媒体业务接入方式,用户可随时随地接入系统。

(8)自治的网络结构

4G 网络将是一个完全自治、自适应的网络,可自动管理、动态改变自己的结构以满足系统变化和发展的要求。

3. 4G 网络技术的架构

整个 4G 网络从接入网和核心网方面分为 E-UTRAN 和 EPC 两个大的部分,其系统架构如图 3-2 所示。

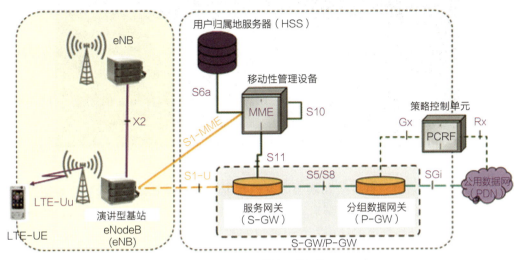

图 3-2　4G 网络的系统架构

（1）E-UTRAN

E-UTRAN（Evolved Universal Terrestrial RadioAccess Network）在系统性能和能力方面的研究目标主要是更高的空中接口峰值速率以及频谱效率。在 E-UTRAN 中，eNodeB 之间底层采用 IP 传输，在逻辑上通过 X2 接口互相连接，即形成网状网络。这样的网络结构设计主要用于支持 UE 在整个网络内的移动性，以保证用户的无缝切换。每个 eNodeB 通过 S1 接口与移动性管理设备/接入网关（Mobility Management Entity，MME）或服务网关（Serving Gateway，S-GW）连接，一个 eNodeB 可以和多个 MME/S-GW 互连，反之亦然。在 E-UTRAN 网络中，由于没有了无线网络控制器（RNC），整个 E-UTRAN 的空中接口协议结构与原来的 UTRAN 相比有了较大的不同，特别是不同功能实体的位置出现了很多变化。原来由 RNC 承担的功能被分散到了 eNodeB 和 MME/S-GW 上。

（2）EPC

EPC（Evolved Packet Core）核心网主要由移动性管理设备（MME）、服务网关（S-GW）、分组数据网关（P-GW）、存储用户签约信息的用户归属地服务器（HSS）、策略控制单元（PCRF）等组成，其中 S-GW 和 P-GW 可以合设，也可以分设。EPC 核心网架构秉承了控制与承载分离的理念，将分组域中 SGSN 的移动性管理、信令控制功能和媒体转发功能分离出来，分别由两个网元来完成。其中，MME 负责移动性管理、信令处理等功能，S-GW 负责媒体流处理及转发等功能，P-GW 则仍承担 GGSN 的职能。4G 网络中取消了 RNC 网元，将其功能分别移至基站 eNodeB 和核心网网元，eNodeB 将直接通过 S1 接口与 MME、S-GW 互通，简化了无线系统的结构。

4. 4G 网络技术在智能网联汽车中的应用

本书介绍的 4G 网络技术在汽车中的应用系统是起亚凯酷汽车的 IOT 车家互联系统，该系统可以连接车机和用户家中的智能家居，可在车内对智能家居进行控制。该系统示意图如图 3-3 所示。

图 3-3 凯酷汽车的 IOT 系统示意图

该系统是起亚集团和百度公司联合开发的智能车家互联系统，基于 4G 通信技术进行通信，用户可以通过凯酷中控大屏启动凯酷的"互联控制"系统。该系统启动后可以直接通过车机系统控制已经绑定的智能家居设备，如图 3-4 所示。

图 3-4 凯酷汽车的 IOT 车家互联系统

目前，凯酷汽车 IOT 车家互联系统支持的智能家居类型包括：控制照明（开/关/调节亮度）、智能按钮（开/关）、空气净化器（开/关/预报空气质量/调整风速、变更模式）、清洁机器人（开/关/自动模式/充电）、智能窗帘（开/关）。

三、蓝牙技术

1. 蓝牙技术的定义

蓝牙技术是由爱立信（Ericsson）、诺基亚（Nokia）、东芝（Toshiba）、国际商用机器公司（IBM）和英特尔（Intel）于 1998 年 5 月联合宣布的一种无线通信新技术，其技术标志如图 3-5 所示。

图 3-5 蓝牙技术标志

蓝牙技术是一种支持设备短程通信（一般 10m 内）的无线电技术，能在包括移动电话、掌上计算机、无线耳机、笔记本计算机、智能汽车、智能家居等多种智能设备之间进行无线信息交互。蓝牙技术可以有效地简化移动通信终端设备之间的通信，也可简化设备与因特网之间的通信，使数据通信更加迅速高效。

2. 蓝牙技术的优势

（1）通用性极强

蓝牙工作在 2.4GHz 的 ISM 频段，全球大多数国家 ISM 频段的范围是 2.4~2.4835GHz。使用该频段无须向各国的无线电资源管理部门申请许可证，便可直接使用。

（2）同时可传输语音和数据

蓝牙采用电路交换和分组交换技术，支持异步数据信道、三路语音信道以及异步数据与同步语音同时传输的信道。每个语音信道数据速率为 64kbit/s，语音信号编码采用脉冲编码调制（PCM）或连续可变斜率增量调制（CVSD）方法。当采用非对称信道传输数据时，速率最高为 721kbit/s，反向为 57.6kbit/s；当采用对称信道传输数据时，速率最高为 342.6kbit/s。蓝牙有两种链路类型，异步无连接（ACL）链路和同步面向连接（SCO）链路。

（3）可以建立临时性的对等连接

根据蓝牙设备在网络中的角色，可分为主设备（Master）与从设备（Slave）。主设备是组网连接主动发起连接请求的蓝牙设备，几个蓝牙设备连接成一个皮网（Piconet）时，其中只有一个主设备，其余均为从设备。皮网是蓝牙最基本的一种网络形式，最简单的皮网是一个主设备和一个从设备组成的点对点的通信连接。通过时分复用技术，一个蓝牙设备便可以同时与几个不同的皮网保持同步，具体来说，就是该设备按照一定的时间顺序参与不同的皮网，即某一时刻参与某一皮网，而下一时刻参与另一个皮网。

（4）抗干扰能力强

工作在 ISM 频段的无线电设备有很多种，例如微波炉、WLAN 等产品，为了抵抗这些设备产生的干扰，蓝牙采用了调频的方式来扩展频谱。设备在某个频点（将 2.402~2.48GHz 频段分成 79 个频点，相邻频点间隔 1MHz）发送，可有效地避免设备产生干扰。

（5）体积小

蓝牙模块体积很小，嵌入式蓝牙设备的体积更小。例如 SKYLAB 推出的蓝牙 5.0 模块 SKB501，其尺寸仅为 17.4mm × 13.7mm × 1.9mm。

（6）功耗低

蓝牙设备在通信连接（Connection）状态下，有四种工作模式：激活（Active）模式、呼吸（Sniff）模式、保持（Hold）模式和休眠（Park）模式。激活模式是正常的工作状态，另外三种模式是为了节能所规定的低功耗模式。

（7）开放的接口标准

蓝牙技术联盟（SIG）为了推广蓝牙技术的应用，将蓝牙的技术标准全部公开，全世界范围内的任何单位和个人都可以进行蓝牙产品的开发，只要最终通过 SIG 的蓝牙产品兼容性测试，就可以推向市场。

（8）成本低

随着市场需求的扩大，各个供应商纷纷推出自己的蓝牙芯片和模块，蓝牙产品价格逐渐下降。

3. 蓝牙技术的发展及组成

蓝牙技术经历过多代版本更替。1999年蓝牙1.0发布，早期的蓝牙1.0存在多个问题，有多家厂商指出它们的产品互不兼容。同时，在两个设备"连接"（Handshaking）的过程中，蓝牙的硬件地址（BD_ADDR）会被发送出去，在协议的层面上不能做到匿名，造成泄露数据的危险。因此，1.0版本推出以后，蓝牙并未立即受到广泛的应用。除了当时对应蓝牙功能的电子设备种类少，蓝牙装置也十分昂贵。2001年蓝牙1.1发布，蓝牙1.1版正式列入IEEE 802.15.1标准，该标准定义了物理层（PHY）和媒体访问控制（MAC）规范，用于设备间的无线连接，传输率为0.7Mbit/s。但因为是早期设计，容易受到同频率之间产品干扰，影响通信质量。2003年蓝牙1.2发布，蓝牙1.2针对1.0暴露出的安全性问题，完善了匿名方式，新增屏蔽设备的硬件地址（BD_ADDR）功能，保护用户免受身份嗅探攻击和跟踪，同时向下兼容1.1版。

2004年蓝牙2.0发布，蓝牙2.0是1.2版本的改良版，新增的增强数据速率（Enhanced Data Rate，EDR）技术通过提高多任务处理和多种蓝牙设备同时运行的能力，使得蓝牙设备的传输率可达3Mbit/s。蓝牙2.0支持双工模式，可以一边进行语音通信，一边传输文档/高质量图片。2007年蓝牙2.1发布，新增了减速呼吸模式（Sniff Subrating）省电功能，将设备间相互确认的信号发送时间间隔从旧版的0.1s延长到0.5s左右，从而让蓝牙芯片的工作负载大幅降低。

2009年蓝牙3.0发布，蓝牙3.0新增了可选技术High Speed。High Speed可以使蓝牙调用802.1Wi-Fi用于实现高速数据传输，传输率高达24Mbit/s，是蓝牙2.0的8倍，轻松实现录像机至高清电视、个人计算机（PC）至便携式媒体播放器（PMP）、超便携个人计算机（UMPC）至打印机之间的资料传输。蓝牙3.0的核心是AMP（Generic Alternate MAC/PHY），这是一种全新的交替射频技术，允许蓝牙协议栈针对任一任务动态地选择正确射频。功耗方面，蓝牙3.0引入了增强电源控制（EPC）技术，再辅以802.11，实际空闲功耗明显降低。此外，新的规范还加入单向广播无连接数据（UCD）技术，提高了蓝牙设备的相应能力。

2010年蓝牙4.0发布，这是迄今为止第一个蓝牙综合协议规范，将三种规格集成在一起。其中最重要的变化就是低功耗（Bluetooth Low Energy，BLE）功能，提出了低功耗蓝牙、传统蓝牙和高速蓝牙三种模式。2013年蓝牙4.1发布，蓝牙4.1在传输速度和传输范围上变化很小，但在软件方面有着明显的改进。此次更新的目的是为了让蓝牙智能（Bluetooth Smart）技术最终成为物联网(Internet of Things，IoT)发展的核心动力。2014年蓝牙4.2发布，蓝牙4.2的传输速度更加快速，比上代提高了2.5倍，因为蓝牙智能（Bluetooth Smart）数据包的容量提高，其可容纳的数据量相当于此前的10倍左右。

2016年蓝牙5.0发布，蓝牙5.0在低功耗模式下具备更快更远的传输能力，传输速率是蓝牙4.2的2倍（速度上限为2Mbit/s），有效传输距离是蓝牙4.2的4倍（理论上可达300m），数据包容量是蓝牙4.2的8倍。蓝牙5.0支持室内定位导航功能，结合Wi-Fi可以实现精度小于1m的室内定位，且针对IoT物联网进行底层优化，力求以更低的功耗和更高的性能为智能家居服务。2019年蓝牙5.1正式发布，蓝牙5.1支持位置查找特征，定位的精度大幅提升,可以达到厘米级精度,该定位精度可以在室内导航、寻位等领域发挥重要的作用。2020 年蓝牙 5.2 发布,新版本蓝牙核心规范针对低功耗蓝牙增加了三个新功能,包括增强型属性协议(Enhanced Attribute Protocol,EATT)、LE 功率控制(LE Power Control)以及 LE 同步信道(LE Isochronous Channels)。蓝牙 5.2 版本中对 EATT 进行了完善,用于快速读取属性值,这一新增功能将提高基于 ATT 协议的信息沟通效率,实现快速服务发现(Fast Service Discovery)等功能。可以预见,快速服务发现功能将在下一代蓝牙音频技术中得到应用,以实现音频设备间快速交换相关服务信息。蓝牙 5.2 版本定义了低功耗蓝牙的双向功率控制协议,可用于实现多种应用场景,有助于在保持连接的情况下进一步降低功耗并提高设备连接的稳定性和可靠性。LE 同步信道为实现下一代蓝牙音频的多声道音频流(Multi-Stream Audio)和基于广播音频流的共享音频(Audio Sharing)应用打下了基础。根据 5.2 版本核心规范,一个同步组可以包括最多 31 个不同的同步音频流,在广播同步模式下可以实现通信范围内无限多个音频接收端同时收听分享的音频流。

4. 蓝牙技术在智能网联汽车中的应用

本书介绍的蓝牙技术是起亚凯酷汽车基于 BLE 的智能车辆钥匙,如图 3-6 所示。

图 3-6 蓝牙智能 BLE 车辆钥匙

该系统原理是基于蓝牙通信原理,在实际应用中,用户需要安装专用于凯酷车辆控制的 App,该 App 与车辆进行连接后,不但可以直接当成车钥匙功能使用,还可以控制发动机的起停、提前设置空调温度、车辆查找、关闭车门、关闭车窗等功能。每台车可以设置三个账号,通过手机 BLE 功能代替车钥匙开起车门并起动发动机。该技术使用蓝牙 5.0 协议,有效传输距离约为 300m,传输数据的最大速率可达 2Mbit/s,广播模式的信息容量可达 255B 并且其功耗较低。

凯酷汽车蓝牙钥匙如图 3-7 所示,可以显示车辆的可行驶距离、车辆状态更新时间,可实现提前起动发动机、关闭发动机、车门解锁、车门上锁等功能。

以下为应用的几种场景:

场景一:在寒冷的冬季,出门前用手机起动发动机,设置好理想的车内温度。

场景二:在炎热的夏季,无须再忍受滚烫的车内温度,上车前提前设置好空调温度。

场景三:快节奏的都市生活,匆匆忙忙难免会忘记携带车钥匙,手机可以替代钥匙开启车门并起动发动机。

图 3-7 凯酷汽车蓝牙钥匙

四、Wi-Fi 技术

1. Wi-Fi 技术定义

Wi-Fi 是一种可以将个人计算机、手持设备（如 ipad、手机）等终端以无线方式互相连接的技术，该技术是以 IEEE 802.11 标准为基础发展起来的标准无线局域网技术。随着技术的发展以及 IEEE 802.11a、IEEE 802.11g、IEEE 802.11n 等标准的出现，现在 IEEE 802.11 这个标准已统称为 Wi-Fi 技术。Wi-Fi 技术当前分为 2.4GHz 和 5.0GHz 两个频段，其区别如下：

（1）属性区别

2.4GHz 信号频率低，在空气或障碍物中传播衰减较小，传输距离更远。由于家电、无线设备大多使用 2.4GHz 的频段，因此该频率下无线设备较多，使用环境较为拥挤，干扰较大。5.0GHz 信号频率较高，带宽大、稳定性好，连接多个设备时不会出现信道拥挤外设掉线的情况，但由于其频率较高，在空气或障碍物中传播衰减较大，覆盖距离比 2.4GHz 小。

（2）支持设备数量区别

大多数移动设备及无线网卡都支持 2.4GHz 的频率，而 5.0GHz 是近几年兴起的 Wi-Fi 频段，支持该频段的设备相对 2.4GHz 频段的设备少。

（3）频率设备区别

双频无线路由器可同时在 2.4GHz 和 5.0GHz 的频率下工作，而单品无线路由器只能在 2.4GHZ 的频率下工作。

2. Wi-Fi 技术的特点

（1）覆盖范围大

Wi-Fi 的覆盖半径可以达到数百米而且解决了高速移动时数据的纠错问题和误码问题，Wi-Fi 设备与设备、设备与基站之间的切换和安全认证都得到了很好的解决。

（2）传输速率快且可靠性高

不同版本传播速率不同，基于 802.11n 的传播速率可以达到 600Mbit/s。

（3）健康安全

IEEE 802.11 规定的发射功率不可超过 100mW，Wi-Fi 的实际发射功率为 60~70mW，辐射非常小。

（4）无须布线

Wi-Fi 可以不受布线条件的限制，不需要网络布线，适合移动设备。

（5）组网容易

只要在需要的地方设置接入点，并通过高速线路将互联网接入，用户只需将支持无线局域网的设备拿到该区域，即可进入互联网。

3. Wi-Fi 技术的技术标准

1997 年，IEEE 802.11 标准问世；1999 年，Wi-Fi 联盟成立，推出了 802.11a、

802.11b、802.11g、802.11n 等多个标准。每一代标准采用的技术和协议都更加完善，数据传输速率、安全性、抗干扰性能也在逐步提高。IEEE 802.11 系列标准的区别见表 3-1。

表 3-1 IEEE 802.11 系列标准的区别

技术要素	802.11a	802.11b	802.11g	802.11n	802.11ac
发布时间	1999 年	1999 年	2003 年	2009 年	2012 年
数据速率 /（Mbit/s）	54	11	54	300+	1000
实际吞吐量 /（Mbit/s）	25	5	25	100+	300+
工作制式	OFDM	DSSS、CCK	DSSS、CCK、OFDM	DSSS、CCK、OFDM	OFDM
射频波段 /GHz	5	2.4	2.4	2.4 或 5	5
MIMO 空间流	1	1	1	1、2、3、4	8
频宽 /MHz	20	20	20	20、40	20、40、80、160

1999 年发布的 802.11a 标准采用了与原始标准相同的核心协议，工作频率为 5GHz，使用 52 个正交频分多路复用副载波，最大原始数据传输率为 54Mbit/s，实际网络吞吐量可达到 25Mbit/s；802.11a 拥有 12 条不相互重叠的频道，8 条用于室内，4 条用于点对点传输；802.11a 采用了更高频率的 5GHz，频段不会和 2.4GHz 冲突，传输带宽更大，但穿透和绕开障碍物的能力减弱。同年推出的 802.11b 是工作在 2.4GHz（2.4~2.483GHz）频段的高速物理层规范；物理层的调制方式为补码键控（CCK）的直接序列扩频（DSSS），数据传输速率可达到 11Mbit/s，无须直线传播；传输距离控制在 50~150ft（1ft=0.3048m）；传输速率能够从 11Mbit/s 自动降到 5.5Mbit/s，或者根据直接序列扩频技术调整到 2Mbit/s 和 1Mbit/s，以保证设备正常、稳定地运行。

2003 年发布了 802.11g 标准，该标准是在 802.11b 上发展而来，工作在 2.4GHz 频段。提供高达 54Mbit/s 的数据传输速率，利用 CCK 调制，与 802.11b 兼容，同时采用正交频分复用（OFDM）调制。802.11g 支持"纯 802.11b""混合 802.11b/g"和纯"802.11g" 三种模式，混合模式需要特殊的保护机制；同样支持 13 个离散通道，有 3 个通道完全不重叠。

2009 年发布了 802.11n 标准，802.11n 可以工作在 2.4GHz 和 5GHz 两个频段，传输速度理论值为 300Mbit/s，因此需要在物理层产生更高速度的传输率。此项标准要比 802.11b 快上 50 倍，而比 802.11g 快上 10 倍左右。802.11n 也将比 802.11b/g 无线网络传送到更远的距离。802.11n 增加了对于多进多出（MIMO）的标准，使用多个发射和接收天线来允许更高的数据传输率，并使用了 Alamouti coding schemes 来增加传输范围。802.11n 支持标准带宽（20MHz）上的速率包括：7.2Mbit/s、14.4Mbit/s、21.7Mbit/s、28.9Mbit/s、43.3Mbit/s、57.8Mbit/s、65Mbit/s、72.2Mbit/s。使用 4×4 MIMO 时速度最高为 300Mbit/s。802.11n 也支持双倍带宽（40MHz），当使用 40MHz 带宽和 4×4 MIMO 时，速度最高可达 600Mbit/s。

2012 年发布了 802.11ac 标准，802.11ac 主要是基于 802.11a 发展而来，结合了

802.11n 的 MIMO。802.11ac 工作在 5.0GHz 频段,可以兼容 802.11a、802.11n,工作频宽在当前 20MHz 的基础上增至 40MHz 或者 80MHz,甚至有可能达到 160MHz;传输速度最高可达到 1Gbit/s。

4. Wi-Fi 技术在汽车中的应用

本节介绍当前量产汽车使用的基于 Wi-Fi 技术开发的 CarPlay 系统。CarPlay 系统是由美国苹果公司发布的一款车载系统,该系统支持 iOS 设备和车机系统进行连接,可使用 iOS 设备与车机系统进行交互控制,是一款十分便利的车机交互系统。CarPlay 系统界面如图 3-8 所示。

图 3-8 CarPlay 系统界面

无线 CarPlay 系统于 2015 年发布,目前已经搭载于多种车型上,用户可以通过开启 Wi-Fi 与车机系统进行连接,连接成功后即可通过多种方式控制车机。2020 年,基于 iOS13 版本的 CarPlay 支持分屏显示,分屏模式下可以支持第三方地图、第三方应用软件等概览显示,使驾驶员可以全局掌握正在运行的应用软件。同时支持白天黑色模式,驾驶员在驾驶车的时候经常会遇到过隧道等情况,CarPlay 车载系统支持暗黑模式,不会让驾驶员因中控屏幕过亮晃眼睛;白天与暗黑模式的切换,可以随汽车的前照灯控制,全程自动切换。之前版本的 CarPlay 在导航的时候,一旦手机退出正在导航的画面,中控也随之回到主页,给驾驶带来很多不便,而新版的 CarPlay 可以独立于手机运行,这样中控正在导航的时候,再操作手机任何的应用,都不会退出中控画面。CarPlay 现在是真正意义上的车载系统,相当于汽车中控与手机是两套完全独立的系统,互不干扰,加上无线连接,让驾驶变得非常方便。CarPlay 的控制方式主要有三种:

(1) Siri 控制

可通过长按车内的某个实体按钮或长按 CarPlay 界面的虚拟 Home 键的方式来触发 iOS 的语音助手 Siri,可以对 Siri 说出各种指令,Siri 会识别用户的需求并做出相应的回答继而完成驾驶员的指令。例如对 Siri 说"导航去深圳世界之窗",Siri 会识别出该指令并自动进入导航系统。

(2) 触摸屏控制

CarPlay 系统采用了大图标的显示方案,通过触摸也能控制。

(3）物理按键控制

汽车一般带有物理按键，通过物理按键可以控制 CarPlay 系统。例如奔驰 GLC 汽车的中控按钮为上下左右控制，可通过左拨、右拨等方式控制音乐播放，通过另外的物理按键可返回主界面或返回上一级操作。

类似于 CarPlay 系统的还有百度公司推出的 CarLife 系统、福特公司推出的 SYNC 系统、谷歌公司推出的 Android Automotive 系统，这些系统目前也大多支持无线 Wi-Fi 连接控制，功能与 CarPlay 类似。

五、IrDA 技术

1. IrDA 技术的定义

红外线是波长在 750nm~1mm 之间的电磁波，它的频率高于微波而低于可见光，是一种人眼看不到的光线。红外通信一般采用红外波段内的近红外线，波长在 0.75~25μm 之间。红外通信协议将红外数据通信所用的光波波长的范围限定在 850~900nm 之内。

无线电波和微波已被广泛地应用在长距离的无线通信之中，但由于红外线的波长较长，对障碍物的衍射能力差，所以更适合应用在需要短距离无线通信的场合，进行点对点的直线数据传输。

2. IrDA 技术的优势

（1）保密性强

小角度（30°锥角以内）、短距离，点对点直线数据传输，保密性强。

（2）传输速率较高

4Mbit/s 速率的高速红外（FIR）技术已被广泛使用，16Mbit/s 速率的超高速红外（VFIR）技术已经发布。

（3）占用资源少

具有不透光材料的阻隔性和可分隔性，在通信时不需要占用频道资源。

（4）无有害辐射，绿色产品特性

科学试验证明，红外线是一种对人体有益的光谱，所以红外线产品是一种绿色产品。

（5）具有一定的安全性

短距离通信、窄的信号角度、同步时设备的位置固定、通信链路上不能有任何障碍物、只能是点到点的通信等特点提供了一定的安全性。

（6）低功耗和低成本

功耗一般低于 40mW，成本低廉、连接方便、简单易用。

3. IrDA 技术的发展

为了建立一个统一的红外数据通信的标准，1993 年，由惠普（HP）、康柏（COMPAQ）、英特尔（INTEL）等 20 多家公司发起成立了红外数据协会（Infrared Data Association，IrDA）。1993 年 6 月 28 日，来自 50 多家企业的 120 多位代表出席了红外数据协会的首次会议，并就建立统一的红外通信标准问题达成了一致。一年以后，第一个 IrDA 的红外数据通信标准发布，即 IrDA1.0。IrDA1.0 简称为串行红外（Serial InfraRed，SIR），它是基于 HP-SIR 开发出来的一种异步的、半双工的红外通信方式。SIR 以系统的异步通信收发器（UART）为依托，通过对串行数据脉冲的波形压缩和对所接收的光信号电脉冲的波形扩展这一编码解码过程（3/16 EnDec）实现红外数据传输。由于受到 UART 通信速率的限制，SIR 的最高通信速率只有 115.2kbit/s。1996 年，IrDA 发布了 IrDA1.1 标准，即高速红外（Fast InfraRed，FIR）。与 SIR 相比，由于 FIR 不再依托 UART，其最高通信速率有了质的飞跃，可达到 4Mbit/s 的水平。FIR 采用了全新的脉位调制（Pulse Position Modulation，PPM）——4PPM，即通过分析脉冲的相位来辨别所传输的数据信息，其通信原理与 SIR 是截然不同的，但由于 FIR 在 115.2kbit/s 以下的速率依旧采用 SIR 的编码解码过程，所以它仍可以与支持 SIR 的低速设备进行通信，只有在通信对方也支持 FIR 时，才将通信速率提升到更高水平。

继 FIR 之后，IrDA 又发布了通信速率高达 16Mbit/s 的超高速红外（Very Fast InfraRed，VFIR）技术，并将它作为补充纳入 IrDA1.1 标准之中。更高的通信速率使红外通信在那些需要进行大数据量传输的设备上也可以占有一席之地，而不再仅仅是连接线的替代。IrDA 标准包括三个基本的规范和协议：物理层规范（Physical Layer Link Specification）、连接建立协议（Link Access Protocol，IrLAP）和连接管理协议（Link Management Protocol，IrLMP）。物理层规范制定了红外通信硬件设计上的目标和要求，IrLAP 和 IrLMP 为两个软件层，负责对连接进行设置、管理和维护。

4. IrDA 技术在汽车中的应用

本书介绍的 IrDA 技术的应用是宝马汽车公司的 7 系轿车夜视系统，该系统主要使用 IrDA 技术，使驾驶员可在黑夜环境中看得更远更清楚。宝马 7 系的夜视系统现在已经发展到第三代，其核心器件是安装在前格栅上的红外热成像摄像头。雨水、灰尘、雪或冰都可能影响摄像机的正常运行。当车外温度很低时，摄像机会自动加热。清洁前照灯时，摄像机也会一同被自动清洁。

宝马 7 系轿车红外热成像摄像头如图 3-9 所示。夜视摄像机由一个供热防护窗、一个镜头和热像传感器构成。图像刷新率为 30 次 /s。为了使成像质量稳定，必须每 120~180s 校准一次摄像机，每次校准的时间大约持续 0.3s。夜视摄像机通过一根低电压差分信号（LVDS）

图 3-9　宝马 7 系轿车红外热成像摄像头

数据导线连接到电子夜视装置，电子夜视装置把来自夜视摄像机的对称的视频信号转换成彩色全电视信号（FBAS）。通过分析相对距离和运动方位后，可通过中间显示屏的黄色图标提醒驾驶员。环境条件良好时，可在100m识别人体，在150m识别大型动物，在70m识别中小型动物。可识别性取决于识别物体与环境的温差和物体的热辐射。与环境温差小的对象或者热辐射小的对象可以进行识别，但此时识别功能受限。出于安全考虑，该系统仅在速度高于5km/h且环境亮度低并在近光灯打开时系统才会启动。宝马7系轿车行人识别效果图如图3-10所示。

图3-10 宝马7系轿车行人识别效果图

六、RFID 技术

1. RFID 技术的定义

无线射频识别即射频识别技术（Radio Frequency Identification，RFID），是自动识别技术的一种。它通过无线射频方式进行非接触双向数据通信，利用无线射频方式对记录媒体（电子标签或射频卡）进行读写，从而达到识别目标和数据交换的目的，其被认为是21世纪最具发展潜力的信息技术之一。

无线射频识别技术利用无线电波进行非接触式信息交换和存储，结合无线通信数据访问技术连接数据库系统，可实现非接触式的双向通信，从而达到识别的目的，用于数据交换，串联起一个极其复杂的系统。在识别系统中，通过电磁波实现电子标签的读写与通信。根据通信距离，可分为近场和远场，为此读/写设备和电子标签之间的数据交换方式也相应地被分为负载调制和反向散射调制。

2. RFID 技术的特点

（1）读取方便快捷

数据的读取无须光源，甚至可以透过外包装来进行。有效识别距离更大，采用自带电池的主动标签时，有效识别距离可达到30m以上。

（2）识别速度快

标签一进入磁场，阅读器就可以即时读取其中的信息，而且能够同时处理多个标签，实现批量识别。

（3）数据容量大

数据容量最大的二维条形码，最多也只能存储2725个数字，若包含字母，存储量则会更少。RFID 标签则可以根据用户的需要将存储量扩充到数万个数字。

（4）穿透性和无屏障阅读

在被覆盖的情况下，RFID 能够穿透纸张、木材和塑料等非金属或非透明的材质，并能够进行穿透性通信。

（5）使用寿命长，应用范围广

无线通信方式使 RFID 可以应用于粉尘、油污等高污染环境和放射性环境，而且封闭式包装使得 RFID 标签寿命大大超过印刷的条形码。

（6）标签数据可动态更改

利用编程器可以向标签写入数据，从而赋予 RFID 标签交互式便携数据文件的功能，而且写入时间相比打印条形码更少。

（7）安全性好

标签不仅可以嵌入或附着在不同形状、类型的产品上，而且可以为标签数据的读写设置密码保护，从而具有更高的安全性。

（8）动态实时通信

标签以每秒 50~100 次的频率与阅读器进行通信，只要 RFID 标签所附着的物体出现在阅读器的有效识别范围内，就可以对其位置进行动态追踪和监控。

3. RFID 技术的原理及系统组成

RFID 技术是基于标签进行工作的，标签进入阅读器后，接收阅读器发出的射频信号，凭借感应电流所获得的能量发送出存储在芯片中的产品信息（Passive Tag，无源标签或被动标签），或者由标签主动发送某一频率的信号（Active Tag，有源标签或主动标签），阅读器读取信息并解码后，送至中央信息系统进行有关数据处理。

一套完整的 RFID 系统，是由阅读器与电子标签也就是所谓的应答器以及应用软件系统三个部分所组成，其工作原理是阅读器（Reader）发射一特定频率的无线电波能量，用以驱动电路将内部的数据送出，此时 Reader 便依序接收解读数据，送给应用程序做相应的处理。从 RFID 卡片阅读器和电子标签之间的通信及能量感应方式来看，大致上可以分成感应耦合及后向散射耦合两种。一般低频的 RFID 大都采用第一种方式，而较高频大多采用第二种方式。阅读器是 RFID 系统信息控制和处理中心，根据使用的结构和技术不同可以是读或读/写装置。阅读器通常由耦合模块、收发模块、控制模块和接口单元组成。阅读器和标签之间一般采用半双工通信方式进行信息交换，同时通过耦合给无源标签提供能量和时序。在实际应用中，可进一步通过以太网或 WLAN 等实现对物体识别信息的采集、处理及远程传送等管理功能。

4. RFID 技术在汽车中的应用

本书介绍的 RFID 技术的应用是电子不停车收费系统（Electronic Toll Collection，ETC），该系统是智能交通系统的服务功能之一，特别适合在高速公路或交通繁忙的桥隧环境下使用。目前高速公路收费处，有专门的 ETC 收费通道。车主只要在车辆前风窗玻璃上安装感应卡并预存费用，通过收费站时便不用人工缴费，也无须停车，高速通行费将从卡中自动扣除，即能够实现自动收费。这种收费系统每车收费耗时不到2s，其收费通道的通行能力是人工收费通道的5~10倍。使用全自动电子收费系统，可以使公路收费走向无纸化、无现金化管理，从根本上杜绝收费票款的流失现象，解决公路收费中的财务管理混乱问题。另外，实施全自动电子收费系统还可以节约基建费用和管理

图3-11　ETC专用收费车道

费用。该系统需要在车辆上安装载有车辆信息的车载装置。车辆进入不停车电子收费通道入口时，公路数据采集处理系统的站级装置便读取车载装置内的车辆信息，从数据库中调出匹配车辆数据后进行放行处理，储存记录的同时上传至公路数据采集处理系统的数据管理中心。该数据管理中心对通行车辆进行分析，形成扣费交易实时上传银行，银行完成交易处理后实时返回该数据管理中心。ETC专用收费车道如图3-11所示。

ETC系统通过安装于车辆上的车载装置和安装在收费站车道上的天线进行无线通信和信息交换，主要由车辆自动识别系统、中心管理系统和其他辅助设施等组成。其中，车辆自动识别系统由车载单元（应答器或电子标签）、路侧单元（Road Side Unit，RSU）、环路感应器等组成。车载单元中存有车辆的识别信息，一般安装于车辆前面的风窗玻璃上，RSU安装于收费站旁边，环路感应器安装于车道地面下。中心管理系统有大型的数据库，存储大量注册车辆和用户的信息。当车辆通过收费站口时，环路感应器感知车辆，RSU发出询问信号，车载单元做出响应，并进行双向通信和数据交换；中心管理系统获取车辆识别信息，如汽车ID号、车型等信息与数据库中相应信息进行比较判断，根据不同情况来控制管理系统产生不同的动作，如计算机收费管理系统从该车的预付款项账户中扣除此次应交的过路费，或送出指令给其他辅助设施工作。

工业和信息化部装备工业发展中心于2020年发布的《道路机动车辆产品准入审查要求》中明确要求，自2020年7月1日起，新申请产品准入的车型应在选装配置中增加ETC车载装置，ETC技术将逐渐普及至所有车辆。原厂ETC和后装ETC在原理上并无本质上的区别，不过法规对原厂ETC车载装置有更高的要求，而且原厂设计、安装有更多的可能性，主要区别有以下几点：

1）原厂ETC车载装置基本上都为单片式车载单元（OBU），而后装的ETC车载装置基本上均为双片式OBU。单片式OBU相较于双片式OBU具有成本低、使用寿命长、处理速度快等特点，是市场主流的发展方向。

2）原厂ETC车载装置设计更灵活，可以设计成不同形状实现隐藏式设计，可以安装在后视镜、仪表台等位置，安装位置更合理，而后装的ETC车载装置形状单一，基本上只能安装在前风窗玻璃上。

3）原厂ETC车载装置将使用车载电源供电，且供电线路设计更合理安全。

七、NFC 技术

1. NFC 技术的定义

NFC（Near Field Communication）技术又称近距离无线通信技术，是一种短距离的高频无线通信技术，它允许电子设备之间进行非接触式点对点信息传输，交换数据、图片和视频等。该技术结合了非接触式射频识别及无线连接技术，作用于 13.56MHz 频率，传输距离一般在 10cm 左右，传输速率有 106kbit/s、212kbit/s 和 424kbit/s 三种。

2. NFC 技术的特点

（1）近距离感应

NFC 设备之间的极短距离接触，主动通信模式为 20cm，被动通信模式为 10cm，让信息能够在 NFC 设备之间点对点快速传递。

（2）安全性

NFC 是一种短距离通信技术，设备必须靠得很近，从而提供了固有的安全性；也可以通过加/解密系统来确保移动设备之间的安全通信。

（3）处理速度快

NFC 移动设备从检测、身份确认到数据存储只需要 0.1s。

（4）连接快速

NFC 能够快速自动地建立无线网络，为蜂窝设备、蓝牙设备、Wi-Fi 设备提供一个"虚拟连接"，使电子设备可以在短距离范围内进行通信。NFC 短距离交互大大简化了整个认证识别过程，使电子设备间互相访问更直接、更安全和更清楚。

3. NFC 技术的原理

支持 NFC 的设备可以在主动或被动模式下交换数据。在主动模式下，每台设备要向另一台设备发送数据时，都必须产生自己的射频场。发起设备和目标设备都要产生自己的射频场，以便进行通信。这是对等网络通信的标准模式，可以获得非常快速的连接设置。

在被动模式下，启动 NFC 通信的发起设备，在整个通信过程中提供射频场。它可以选择 106kbit/s、212kbit/s 或 424kbit/s 其中一种传输速率，将数据发送到另一台设备。另一台设备不必产生射频场，它使用负载调制技术，即可以相同的速率将数据传回发起设备。移动设备主要以被动模式操作，可以大幅降低功耗，并延长电池寿命。在一个应用会话过程中，NFC 设备可以在发起设备和目标设备之间切换自己的角色。利用这项功能，电池电量较低的设备可以要求以被动模式充当目标设备，而不是发起设备。

NFC 工作模式有三种——卡模式、点对点模式和读卡器模式。卡模式就是相当于一张采用 RFID 技术的 IC 卡，完全可以应用于现在使用 IC 卡的场合。点对点模式和红外线差不多，可用于数据交换，只是传输距离比较短，传输创建速度快，功耗低；将两个具备 NFC 功能的设备连接，就能实现数据点对点传输，如下载音乐、交换图片等。因此，通过 NFC 技术，多个设备之间都可以交换资料或者服务。在读卡器模式下，NFC 设备可以作为非接触读卡器使用，比如从海报或者展览信息电子标签上读取相关信息。

4. NFC 技术在汽车中的应用

本书介绍的 NFC 技术的应用是比亚迪汽车公司"秦 Pro 超越版"轿车的 NFC 车钥匙技术，将 NFC 手机贴在车辆外后视镜上刷一下就能解锁车辆（图 3-12）。目前，华为、小米、OPPO、Vivo、realme、一加等品牌的主流机型均已支持该功能，苹果、三星等机型也在陆续合作中。比亚迪表示该技术未来或将覆盖比亚迪旗下所有新车型，预计到 2021 年，NFC 车型的出货量占比将达到 95% 以上。

图 3-12 比亚迪"秦 Pro 超越版"轿车 NFC 车钥匙示意图

该系统需要通过比亚迪的云服务 App 进行绑定操作才可实现 NFC 车钥匙功能。其可实现闭锁功能，当整车电源档位处于"OFF"档/远程启动状态/蓝牙启动状态/遥控启动状态，车门关闭且未锁止时，将手机背面顶部靠近左前外后视镜上指令区域，所有车门同时闭锁。除此之外也可实现开锁功能，在防盗状态/远程启动状态/蓝牙启动状态/遥控启动状态下，且车门锁止时，将手机背面顶部靠近左前外后视镜上指令区域，所有车门同时解锁。解锁车门后，10min 内允许起动车辆，若超时未起动车辆，需再次刷卡。

八、OTA 技术

1. OTA 技术的定义及分类

OTA 全称为空中下载技术（Over The Air Technology），通过移动通信的接口对软件进行远程管理。OTA 最早出现在特斯拉于 2012 年推出的 Modes S 车型上，其更新范围涉及自动驾驶、人机交互、动力、电池系统等领域。通过 OTA 的方式，特斯拉完成了钥匙卡漏洞、提升续驶里程、提高最高速度、提升乘坐舒适度等功能或者漏洞的修复。目前，智能汽车的 OTA 主要分成两种：固件在线升级（Firmware Over The Air，FOTA）和软件在线升级（Software Over The Air，SOTA），FOTA 是给一个嵌入式设备、ECU 闪存下载完整的固件镜像，或者修补现有固件、更新闪存等，涉及车辆核心的动力控制系统、安全控制系统、底盘控制系统、车身控制系统等底层范畴。而 SOTA 是属于应用层的范畴，比如车载系统的应用程序和地图更新、应用服务、移动通信、信息处理、GPS 导航等。

2. 车辆 OTA 技术的升级原理

图 3-13 所示为车辆 OTA 从主机厂（OEM）服务器更新程序到指定 ECU 过程的原理。首先，通过移动网络（3G/4G/5G）建立车辆与服务器之间的安全连接，确保全新的、待更新的固件安全地传输到车辆的远程控制单元，然后再传输给 OTA 管理单元。OTA 管理单元管理车辆所有 ECU 的更新过程，它控制着将固件更新分发到 ECU，并告知 ECU 何时执行更新——在多个 ECU 需要同时更新的情况下尤为重要，例如推送一项新功能，而该新功能涉及多个 ECU。更新过程完成后，OTA 管理单元将向服务器发送确认。

针对 OTA 管理单元，它可能需要外挂 NANDflash 用来存储固件包，同样也可以用来存储其他车辆 ECU 的备份，以期在 ECU 升级失败之后进行调用。这些备份应该通过加密及认证的方式进行防护，以避免外部攻击。

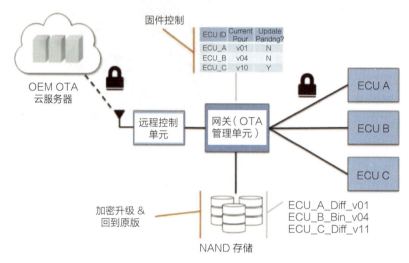

图 3-13 车辆 OTA 技术的升级原理图

这些备份也是可以确保汽车在进行 OTA 过程中出现任何意外的情况时，可以恢复到升级之前的状态，从而确保更新失败后的行车安全。

OTA 管理单元内部有一个表格，包含各个车辆 ECU 的相关信息，譬如 SN 号以及当前的固件版本。这样便于 OTA 管理单元核实接收到的固件升级包并确保其是通过授权的。

如果正在更新的 ECU 不具备加密能力，那么 OTA 管理单元同样需要负责更新过程的解码及验签。现阶段，OTA 实现加密、解码、校验等是其基本的安全功能。

不难看出 OTA 管理单元的重要性，也正是基于此，并结合网关的安全性、隔离性以及天然的多连接属性，部分主机厂启动自研网关。

3. OTA 技术在汽车中的应用

本书介绍的应用于汽车的 OTA 技术是吉利汽车公司博瑞车型的 OTA 技术。汽车 OTA 升级主要分为三个过程：软件下载、系统安装和开始升级。

（1）软件下载

博瑞的后台系统推送升级任务后，车机上方会有弹框主动提示升级，此提示显示 5s 后消失。若用户点击弹框处"查看"按钮，则直接进入下载页面。若错过弹框，可以通过从主界面进入"设置 – 车辆 – 系统 –GKUI 19"中进行下载，其升级软件下载界面如图 3-14 所示。

（2）系统安装

下载完毕后，点击"安装"按钮，等待 10min 左右，即可安装成功，需注意车机系统软件安装过程不要熄火、断电。如下载过程中异常断电，则重启后可继续下载，但安装过程请勿断电，否则会导致安装失败，其 OTA 升级安装界面如图 3-15 所示。

图 3-14 吉利博瑞车型 OTA 升级软件下载界面

图 3-15 吉利博瑞车型 OTA 升级安装界面

(3) 开始升级

在完成车机系统更新后,再次进入"系统更新"页面查看是否有 4G(T-BOX)软件的升级提示,如果有新版本升级,则 4G 软件下载同系统软件下载步骤相同。请注意,在 4G(T-BOX)软件安装时需将发动机熄火后再安装,安装步骤等待 30s 后再启动发动机,其软件升级界面如图 3-16 所示。

图 3-16 吉利博瑞车型 4G(T-BOX)软件升级界面

智能网联汽车技术入门一本通

智能驾驶篇

第四章 智能网联汽车高级驾驶辅助系统

近年来ADAS市场增长迅速,原来这类系统局限于高端市场,而现在正在进入中端市场。与此同时,许多低技术应用在入门级乘用车领域更加常见,经过改进的新型传感器技术也在为系统部署创造新的机会与策略。ADAS系统主要包含3个执行流程:环境感知、运算分析和控制执行。

1)环境感知:不同的系统需要使用不同类型的车用传感器,包含摄像头、毫米波雷达、超声波雷达、红外传感器、电荷耦合元件(CCD)/互补金属氧化物半导体(CMOS)影像传感器及其他传感器等,以此来收集整车的工作状态及其参数变化情形,并将不断变化的机械运动变成电子参数(电压、电阻及电流)。这样一来,传感器数据便可作为下一步运算分析和预警及控制的依据。

2)运算分析:电子控制单元或域控制器会在针对传感器所收集到的信息进行运算分析处理,然后再向控制的执行装置下达动作指令。

3)控制执行:节气门、制动、灯光、声响等系统都是属于执行器的范畴内,ADAS会依据控制器输出的信号来执行各种反应动作,让汽车安全行驶于道路上。

目前ADAS系统的主要目的是辅助驾驶员进行车辆控制,它可以对车外环境变化等相关信息进行分析,且预先警告可能发生的危险状况,让驾驶员提早采取因应措施,避免交通意外发生,在必要时可以积极介入。

一、高级驾驶辅助系统的定义及类型

1. 高级驾驶辅助系统的定义

高级驾驶辅助系统(Advanced Driver Assistance System,ADAS)是利用安装在车辆上的传感器、通信装置、决策及执行等装置,实时监测驾驶员、车辆及其行驶环境,并通过信息及运动控制等方式辅助驾驶员执行驾驶任务或主动避免碰撞危害的各类系统的总称。其功能示意图如图4-1所示。

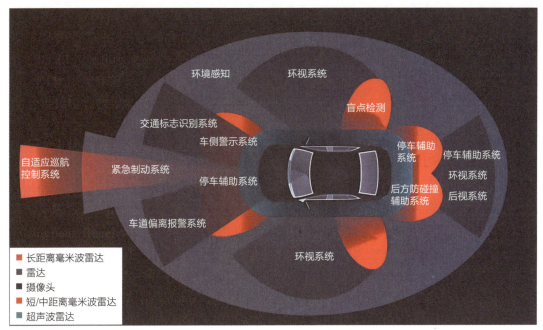

图 4-1　高级驾驶辅助系统功能示意图

2. 高级驾驶辅助系统的类型

当前，高级驾驶辅助系统按照功能可分为安全 ADAS 和便利 ADAS。

安全 ADAS 的主要功能是通过车辆安装的各种传感器对环境进行感知，将感知数据发送给控制器进行决策。如果检测到当前行驶情况发生危险或即将发生危险时，则会对驾驶员进行警告或紧急介入来控制车辆的转向、制动等。安全 ADAS 目前已经应用到实车的系统种类较多，本书介绍的安全 ADAS 主要包括以下几种系统：前向碰撞预警（Forward Collision Warning，FCW）系统、车辆盲区监测（Blind-Spot Detection，BSD）系统、车道偏离报警（Lane Departure Warning，LDW）系统、车道保持辅助（Lane Keeping Assist，LKA）系统、驾驶员注意力提示（Driver Attention Warning，DAW）系统、盲点影像监测（Blind-Spot View Monitor，BVM）系统、后方交通穿行提示（Rear Cross Traffic Alert，RCTA）系统。

便利 ADAS 的主要功能是通过车辆安装的各种传感器进行感测，将感知数据发送给控制器，在有限的情况下给予驾驶员较高的便利性。便利性 ADAS 和安全性 ADAS 最大的区别是便利性 ADAS 主要是根据驾驶员的意图或潜在意图方便驾驶员驾驶，不会强制介入车辆控制。本书介绍的便利 ADAS 主要包括以下几种系统：车辆自适应前照明系统（Adaptive Front-Lighting System，AFS）、自动泊车辅助（Automatic Parking Assist，APA）系统、自适应巡航控制（Adaptive Cruise Control，ACC）系统、车道跟随辅助（Lane Following Assist，LFA）系统、基于导航的自适应巡航（Navigation-based Smart Cruise Control，NSCC）系统。

二、高级驾驶辅助系统的新型应用传感器及技术

1. 汽车传感器概述

（1）汽车传感器的定义

传感器是一种检测装置，能感受到被测量的信息，并能将感受到的信息按一定规律变换成为电信号或其他所需形式的信息输出，以满足信息的传输、处理、存储、显示、记录和控制等要求。车用传感器是汽车计算机系统的输入装置，它把汽车运行中各种工况信息，如车速、各种介质的温度、发动机运转工况等转化成电信号输给计算机，以便汽车处于最佳工作状态。

（2）汽车传感器的特点

1）适应性强，耐恶劣环境。汽车的工作环境恶劣，包括极寒、极热、高海拔等行驶情况，因此，要求汽车传感器具有极强的环境适应性，要能在这些特殊环境下正常工作。另外，汽车传感器还应具有很好的密封性、耐潮湿、耐蚀性等。

2）抗干扰能力强。汽车传感器除了能够适应外界恶劣环境之外，在工作过程中还需抵抗其他电磁波干扰、高压脉冲等因素，因此要求汽车传感器必须具有较强的抗干扰能力。例如安装在发动机中的传感器，其在工作过程中要承受发动机的高温、高压、振动腐蚀等多种因素，同时还要抵抗各种频率的振动。

3）稳定性和可靠性高。汽车传感器特性对汽车电子控制系统有非常大的影响。汽车的设计使用寿命一般在10年以上，因此汽车传感器必须具有高稳定性和高可靠性。

4）性价比高，适应大批量生产。随着汽车电气化、智能化、网络化、无人化的发展，汽车所用的传感器越来越多，可达数百甚至上千个，这就要求汽车传感器必须具有较高的性价比，否则难以大批量推广使用。

（3）汽车传感器的分类

汽车传感器按测量对象可以分为温度传感器、压力传感器、流量传感器、气体浓度传感器、位置传感器、转速传感器、加速度传感器、距离传感器等。

1）温度传感器。温度传感器主要用于检测发动机温度、吸入气体温度、冷却水温度、燃油温度、环境温度等。

2）压力传感器。压力传感器主要用于检测气缸负压、大气压、涡轮发动机升压比、气缸内压、油压等。

3）流量传感器。流量传感器主要用于检测发动机空气流量和燃料流量等。

4）气体浓度传感器。气体浓度传感器主要用于检测车辆内气体和废气排放等。

5）位置传感器。位置传感器主要用于检测曲轴转角、节气门开度、制动踏板位置、车辆位置等。

6）转速传感器。转速传感器主要用于检测发动机转速、车轮转速和行驶车速等。

7）加速度传感器。加速度传感器主要用于测量纵向加速度、横向加速度和垂直加速度等。

8）距离传感器。距离传感器主要用于测量汽车行驶的距离以及汽车至障碍物之间的距离等。

2. 超声波传感器

（1）超声波传感器的定义

超声波是振动频率高于 20kHz 的机械波，超声波传感器是根据多普勒效应，将超声波信号转换成其他能量信号（通常是电信号）的传感器。

（2）超声波传感器的特点

1）超声波的传播速度仅为光波的百万分之一，并且指向性强，能量消耗缓慢，因此可以直接测量较近目标的距离，一般测量距离小于 10m。

2）超声波对色彩、光照度不敏感，可适用于识别透明、半透明及漫反射差的物体。

3）超声波对外界光线和电磁场不敏感，可用于黑暗、有灰尘或烟雾、电磁干扰强、有毒等恶劣环境中。

4）超声波传感器结构简单、体积小、成本低，信息处理简单可靠，易于小型化与集成化，并且可以进行实时控制。

（3）超声波传感器的一般结构

超声波传感器的一般结构示意图如图 4-2 所示。超声波传感器一般采用双晶振子（压电晶片），即把双压电陶瓷片以相反极化方向粘在一起。在双晶振子的两面涂覆薄膜电极，上面用引线通过金属板（振动板）接到一个电极端，下面用引线直接接到另一个电极端。双晶振子为正方形，正方形的左右两边由圆弧形凸起部分支撑着。这两处的支点就成为振子振动的节点。金属振动板的中心有圆锥形振子，发送超声波时，圆锥形振子有较强的方向性，因而能高效地发送超声波；接收超声波时，超声波的振动集中于振子的中心，故而能产生高效率的高频电压。超声波传感器采用金属或塑料外壳，其顶部有屏蔽栅。

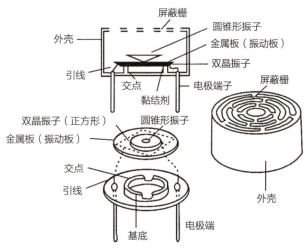

图 4-2 超声波传感器的一般结构示意图

3. 激光雷达

（1）激光雷达的定义

激光雷达是一种用激光器作为发射光源，采用光电探测技术手段的主动遥感设备。其功能包含搜索和发现目标；测量其距离、速度、角位置等运动参数；测量目标反射率、散射截面和形状等特征参数。

激光雷达根据扫描机构的不同，有二维和三维两种，它们大部分都是靠旋转的反射镜将激光发射出去并通过测量发射光和障碍物表面反射光之间的时间差来测距。三维激光雷达的反射镜还附加一定范围内俯仰，以达到面扫描的效果。

二维激光雷达和三维激光雷达在高级驾驶辅助系统上得到了广泛应用。与三维激光雷达相比，二维激光雷达只在一个平面上扫描，结构简单，测距速度快，系统稳定可靠；但二维激光雷达用于地形复杂、路面高低不平的环境时，由于它只能在一个平面上进行单线扫描，故不可避免地会出现数据失真和虚报的现象。同时，由于数据量有限，用单个二维激光雷达也无法完成越野环境下的地形重构。

（2）激光雷达的特点

1）分辨率高。激光雷达可以获得极高的角度、距离和速度分辨率。通常角分辨率不低于 0.1mrad，可以分辨 3km 距离上相距 0.3m 的两个目标，并可同时跟踪多个目标，距离分辨率可达 0.1m，速度分辨率能达到 10m/s 以内。距离和速度分辨率高，意味着可以利用距离——多普勒成像技术来获得目标的清晰图像。分辨率高是激光雷达最显著的优点。

2）隐蔽性好、抗有源干扰能力强。激光直线传播、方向性好、光束非常窄，只有在其传播路径上才能接收到，因此敌方截获非常困难；且激光雷达的发射系统（发射望远镜）口径很小，可接收区域窄，有意发射的激光干扰信号进入接收机的概率极低；另外，与微波雷达易受自然界广泛存在的电磁波影响的情况不同，自然界中能对激光雷达起干扰作用的信号源不多，因此激光雷达抗有源干扰的能力很强，适于工作在日益复杂和激烈的信息战环境中。

3）低空探测性能好。微波雷达由于存在各种地物回波的影响，低空存在有一定区域的盲区（无法探测的区域）。而对于激光雷达来说，只有被照射的目标才会产生反射，完全不存在地物回波的影响，因此可以"零高度"工作，低空探测性能较微波雷达强了许多。

4）体积小、重量轻。通常普通微波雷达的体积庞大，整套系统重量数以吨记，光天线口径就达几米甚至几十米。而激光雷达就要轻便、灵巧得多，发射望远镜的口径一般只有厘米级，整套系统的重量最小的只有几十公斤，架设、拆收都很简便。此外，激光雷达的结构相对简单，维修方便，操纵容易，价格也较低。

（3）激光雷达的结构及工作原理

激光雷达主要由激光器、接收器、信号处理单元和旋转机构这四大核心部件组成，其结构示意图如图 4-3 所示。

1）激光器。激光器是激光雷达中的激光发射机构。在工作过程中，它会以脉冲的方式点亮。

2）接收器。激光器发射的激光照射到障碍物以后，通过障碍物的反射，反射光线会经由镜头组汇聚到接收器上。

3）信号处理单元。信号处理单元负责控制激光器的发射，以及接收器收到的信号的处理，并根据这些信息计算出目标物体的距离信息。

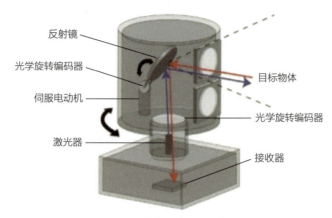

图 4-3 激光雷达结构示意图

4）旋转机构。以上 3 个组件构成了测量的核心部件。旋转机构负责将上述核心部件以稳定的转速旋转起来，从而实现对所在平面的扫描，并产生实时的平面图信息。

激光雷达测距的基本原理是通过测算激光发射信号与激光回波信号的往返时间，从而计算出目标的距离。首先，激光雷达发出激光束，激光束碰到障碍物后被反射回来，被激光接收系统进行接收和处理，从而得知激光从发射到被反射回来并接收之间的时间，即激光的飞行时间，根据飞行时间，可以计算出障碍物的距离。

（4）激光雷达在汽车中的应用

本书介绍的激光雷达是德国 IBEO 公司的 LUX 4 线激光雷达。该激光雷达供电电压为 9~27V，平均功耗为 8W，尺寸为 164.5mm×93.2mm×88mm，符合 IP 69K——IEC 60529、DIN 40050-9（使用防护连接头）和 IP 68——IEC 60529（2m，24h）。该激光雷达提供全球最优秀的目标物检测和分类算法，可支持各种 ADAS 应用，例如自适应巡航、行人保护、车道偏离报警等应用，其实物图如图 4-4 所示。

图 4-4 IBEO LUX 4 线激光雷达实物图

IBEO LUX 4 线激光雷达的参数信息见表 4-1。

表 4-1 IBEO LUX 4 线激光雷达的参数信息

激光等级	1 级，人眼安全
波长	905nm
技术原理	时间飞行法/输出距离和回波脉冲宽度
探测距离	200m/650ft（平均距离），50m/164ft（10%反射强度）（1ft=0.3048m）
水平视角	2层110°（-60°~50°），4层85°（-50°~35°）
垂直视角	3.2°
水平角分辨率	高达 0.125°
垂直角分辨率	0.8°

(续)

距离分辨率	4cm/1.57in（1in=0.0254m）
数据更新率	12.5/25.0/50.0 Hz
工作温度范围	-40~85℃
电源电压	9~27V
功耗	8W（平均），10W（最大）
尺寸	164.5mm×93.2mm×88mm
防护等级	IP 69K——IEC 60529、DIN 40050-9（使用防护连接头）、IP 68——IEC 60529（2m，24h）
数据传输	100Mbit 以太网、CAN、RS232

2020年12月21日，华为技术有限公司（简称华为）首次面向行业正式发布车规级高性能激光雷达产品和解决方案。在对激光雷达要应对的独特场景做了充分的分析后，华为针对不同的驾驶场景对激光雷达进行了规格定义，主要为：①高速场景要看得远，需要看到200m之外的车，这决定了激光雷达的测距规格；②复杂路口要看得宽，这决定了激光雷达的水平视场角；③近端要很好地应对加塞并看到突出物，这就决定了激光雷达的垂直视场角。

基于场景分析，华为设计、开发了这款96线中长距激光雷达产品，可以实现城区行人车辆检测覆盖，并兼具高速车辆检测能力，更符合中国复杂路况下的场景：①大视野120°×25°，可满足城区、高速等场景的人、车测距需求；②全视野中，水平、垂直线束均匀分布，不存在拼接、抖动等情况，形成稳定的点云，对后端感知算法非常友好；③小体积，适合前装量产车型需求。华为激光雷达的参数及应用示意图如图4-5所示。

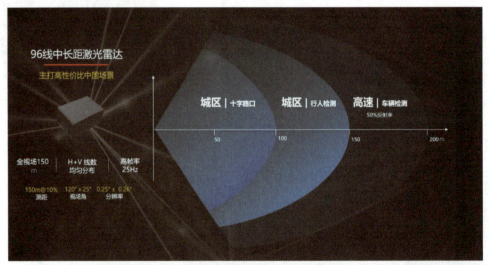

图4-5　华为激光雷达的参数及应用示意图

华为重构了激光雷达的核心部件，包括发送模块，接收模块和扫描器。华为选择微转镜扫描器架构，不是简单地做微转镜，而是解构了电机、轴承等关键部件，通过精准的扫描控制，提升点云精度的稳定性与一致性。收发端通过精准的光路控制和精巧的电路设计来提升收发模块的光电转换效率，这也是华为重点投入的方向。

针对车规级要求的高低温湿热、水压、振动、盐雾、人眼安全、EMC（电磁兼容）、碎石冲击等场景，华为都严格按照 ISO 国际标准执行并进行测试。

4. 毫米波雷达

（1）毫米波雷达的定义

毫米波雷达是指工作频率介于微波和光之间，在 30~300Hz 频域（波长为 1~10mm，即 1mm 波段）的雷达。

（2）毫米波雷达的优势

1）小天线口径、窄波束。高跟踪和引导精度易于进行低仰角跟踪，抗地面多径和杂波干扰；对近空目标具有高横向分辨力；对区域成像和目标监视具备高角度分辨率；窄波束的高抗干扰性能；高天线增益；容易检测小目标，包括电力线、电杆和子弹等。

2）大带宽。具有高信息速率，容易采用窄脉冲或宽带调频信号获得目标的细节结构特征；具有宽的扩谱能力，减少多径、杂波并增强抗干扰能力；相邻频率的雷达或毫米波识别器工作，易克服相互干扰；高距离分辨力，易得到精确的目标跟踪和识别能力。

3）高多普勒频率。对慢目标和振动目标具有良好的检测和识别能力；易于利用目标多普勒频率特性进行目标特征识别；对干性大气污染的穿透性强，提供在尘埃、烟尘和干雪条件下的良好检测能力。

4）良好的抗隐身性能。当前隐身飞行器上所涂覆的吸波材料都是针对厘米波的。根据国外的研究，毫米波雷达照射的隐身目标，能形成多部位较强的电磁散射，使其隐身性能大大降低，因此，毫米波雷达还具有反隐身的潜力。

5）快速的响应速度。毫米波的传播速度与光速一样，并且其调制简单，配合高速信号处理系统，可以快速地测量出目标的角度、距离、速度等信息。

6）对环境适应性强。毫米波具有很强的穿透能力，在雨、雪、大雾等恶劣天气依然可以正常工作。由于其天线属于微波天线，相比于光波天线，它在大雨工作及轻微上霜的情况下依然可以正常工作。

7）抗干扰能力强。毫米波雷达一般工作在高频段，而周围的噪声和干扰处于中低频区，基本上不会影响毫米波雷达的正常运行，因此，毫米波雷达具有抗低频干扰特性。

（3）毫米波雷达的结构

毫米波雷达一般由前端单片微波集成电路（MMIC）、雷达天线高频印制电路板（PCB）、雷达整流罩、主体及压铸底板组成。其结构示意图如图 4-6 所示。

1）前端单片微波集成电路（MMIC）。它包括多种功能电路，如低噪声放大器（LNA）、功率放大器、混频器，甚至收发系统等功能；具有电路损耗小、噪声低、频带宽、动态范围大、功率大、附加效率高、抗电磁辐射能力强等特点，是毫米波雷达的关键部件。

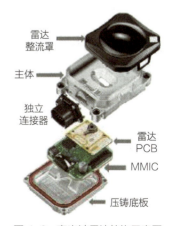

图 4-6 毫米波雷达结构示意图

前端单片微波集成电路（MMIC）技术主要由国外半导体公司掌控，而高频的MMIC只掌握在英飞凌、恩智浦等极少数国外芯片厂商手中。中国的MMIC仍处于起步状态，目前已经有几家高科技公司在研发生产，相关性能仍有待验证。

2）雷达天线高频PCB。毫米波雷达天线的主流方案是微带阵列，即将高频PCB集成在普通的PCB上实现天线的功能，需要在较小的集成空间中保持天线足够的信号强度。77GHz雷达的大范围运用将带来相应高频PCB的巨大需求。

3）雷达整流罩。雷达整流罩的主要功能是满足雷达波束穿透以及保护雷达天线装置，一般使用透波性较好的非金属复合材料。

4）主体及压铸底板。毫米波雷达的主体及压铸底板的主要功能是对雷达内部器件进行保护，一般使用铝合金材料进行轻量化设计。

（4）毫米波雷达的应用

本书介绍的毫米波雷达是美国德尔福公司（Delphi）的ESR毫米波雷达。德尔福公司拥有数十年的汽车雷达开发经验，凭借自身的技术优势，从1999年开始生产雷达，到目前在全世界已安装的雷达总数超过了百万个。德尔福ESR毫米波雷达采用可靠的固态技术，具有一流的性能、封装和耐久性，是一款高性价比的前向探测雷达。德尔福ESR毫米波雷达能够输出精确的测量数据，可作为多种车辆ADAS功能传感器，例如自适应巡航控制（ACC）、前向碰撞预警（FCW）、自动紧急制动（AEB）等功能。该器件的实物图如图4-7所示。

图4-7　德尔福公司的ESR毫米波雷达实物图

德尔福ESR雷达综合宽视角中距离和窄视角长距离于一体，具有中距离宽覆盖范围和长距离高分辨率的特点。中距离宽视角不仅可以发现邻近车道侧向切入的车辆，而且可以识别在车辆间的车辆和行人。长距离可提供精确的距离和速度数据，以及强大的目标区分能力，最多可识别64个目标。

德尔福公司ESR毫米波雷达的参数信息见表4-2。

表4-2　德尔福公司ESR毫米波雷达的参数信息

参数	长距离 （ACC，CW）	中距离 （PCS，S&G）
系统属性		
频率	76 GHz	
封装尺寸	173.7mm × 90.2mm × 49.2mm（长 × 宽 × 高）	
更新率	50ms	
覆盖范围		
探测距离	100m（0dB·m²）	50m（0dB·m²）
距离	1~174m	0.4~60 m

（续）

参数	长距离 （ACC，CW）	中距离 （PCS，S&G）
覆盖范围		
速度	-100~25m/s	
方位角	±10°	±45°
精度		
距离	±0.5m	±0.25m
速度	±0.12m/s	±0.12m/s
角度	±0.5°	±1°
多目标区分能力		
距离	2.5m	1.3m
速度	0.25m/s	0.25m/s
角度	3.5°	12°
波束宽度 （视轴）	3.5° Az（方位角） 4.5° El（仰角）	12° Az（方位角） 4.5° El（仰角）
输入电压	DC 12V	
消耗功率	<10W	
发射功率	10dB·mW	
工作温度	-40~85℃	
航向角速度	外部输入	
接口	CAN	

5. 车载视觉传感器

当前许多汽车开始使用智能图像采集与处理器，与传统的图像采集装置不同的是，智能图像采集与处理单元的内部程序存储器可存储图像处理算法，并能使用PC机，利用专用组态软件编制各种算法下载到视觉传感器的程序存储器中，视觉传感器将PC机的灵活性、可编程逻辑控制器（PLC）的可靠性与分布式网络技术结合在一起，可以更容易地构成机器视觉系统。智能图像采集与处理器主要使用CCD图像传感器和CMOS图像传感器。

（1）CCD图像传感器

CCD（Charge Coupled Device）中文全称为电荷耦合元件。CCD图像传感器主要是由一个类似马赛克的网格、聚光镜片以及垫于最底下的电子线路矩阵所组成。CCD是一种特殊的半导体器件，能够把光学影像转化为数字信号。CCD上植入的微小光敏物质称作像素。一块CCD上包含的像素数越多，它提供的画面分辨率也就越高。CCD的作用就像胶片一样，但它是把光信号转换成电荷信号。CCD上有许多排列整齐的光电二极管，能感应光线，并将光信号转变成电信号，经外部采样放大及模数转换电路转换成数字图像信号。CCD具有体积小和成本低的特点,广泛应用于扫描仪、数码相机及数码摄像机中。目前大多数数码相机采用的视觉传感器都是CCD,CCD图像传感器单元实物图如图4-8所示。

(2)CMOS图像传感器

CMOS(Complementary Metal-Oxide Semiconductor)中文全称为互补金属氧化物半导体。CMOS图像传感器是利用CMOS工艺制造的图像传感器,主要利用了半导体的光电效应,与CCD的原理相同,CMOS图像传感器与CCD图像传感器一样,可用于自动控制、自动测量、摄影摄像、视觉识别等各个领域。CMOS图像传感器单元实物图如图4-9所示。

图4-8 CCD图像传感器单元实物图

图4-9 CMOS图像传感器单元实物图

(3)CCD和CMOS图像传感器的差异

1)成像过程。CCD与CMOS图像传感器光电转换的原理相同,它们最主要的差别在于信号的读出过程不同。由于CCD仅有一个(或少数几个)输出节点统一读出,其信号输出的一致性非常好,而CMOS芯片中,每个像素都有各自的信号放大器,各自进行电荷-电压的转换,其信号输出的一致性较差。但是CCD为了读出整幅图像信号,要求输出放大器的信号带宽较宽,而在CMOS芯片中,每个像元中的放大器的带宽要求较低,大大降低了芯片的功耗,这就是CMOS芯片功耗比CCD要低的主要原因。尽管降低了功耗,但是数以百万的放大器的不一致性却带来了更高的固定噪声,这又是CMOS相对CCD的固有劣势。

2)集成性。从制造工艺的角度看,CCD中电路和器件是集成在半导体单晶材料上的,工艺较复杂,世界上只有少数几家厂商能够生产CCD晶元。CCD仅能输出模拟电信号,需要后续的地址译码器、模拟转换器、图像信号处理器处理,并且还需要提供三组不同电压的电源同步时钟控制电路,集成度非常低。而CMOS是集成在金属氧化物的半导体材料上,这种工艺与生产数以万计的计算机芯片和存储设备等半导体集成电路的工艺相同,因此生产CMOS的成本相对CCD低很多。同时,CMOS芯片能将图像信号放大器、信号读取电路、A/D转换电路、图像信号处理器及控制器等集成到一块芯片上,只需一块芯片就可以实现相机的所有基本功能,集成度很高,芯片级相机概念就是从这产生的。随着CMOS成像技术的不断发展,有越来越多的公司可以提供高品质的CMOS成像芯片。

3)速度。CCD采用逐个光敏输出,只能按照规定的程序输出,速度较慢。CMOS有多个电荷-电压转换器和行列开关控制,读出速度快很多,大部分500fps(1fps=0.304m/s)

以上的高速相机都是 CMOS 相机。此外，CMOS 的地址选通开关可以随机采样，实现子窗口输出，在仅输出子窗口图像时可以获得更高的速度。

4）噪声。CCD 技术发展较早，比较成熟，采用 PN 结或二氧化硅（SiO_2）隔离层隔离噪声，成像质量相对 CMOS 光电传感器有一定优势。

CCD 和 CMOS 图像传感器的具体差异见表 4-3。

表 4-3　CCD 和 CMOS 图像传感器的具体差异

传感器种类	CCD	CMOS
设计	单一感光器	感光器连接放大器
灵敏度	同样面积下灵敏度高	感光开口小，灵敏度低
解析度	连接复杂度低，解析度高	解析度低
信噪比	单一放大，噪点低	百万放大，噪点高
功耗比	需外加电压，功耗高	直接放大，功耗低
成本	线路品质影响程度高，成本高	CMOS 整合集成，成本低

（4）车载视觉传感器的应用

本书介绍的车载视觉传感器是 Mobileye_EyeQ4 ADAS 视觉处理器。Mobileye_EyeQ4 是以色列 Mobileye 公司于 2018 年推出的一款 ADAS 视觉处理器，该公司目前占据全球 ADAS 视觉处理器 70% 以上的市场份额。Mobileye_EyeQ4 的芯片实物图如图 4-10 所示。

图 4-10　Mobileye_EyeQ4 的芯片实物图

Mobileye_EyeQ4 以 MIPS 的 CPU 核心搭配矢量加速单元的组合，整体计算效能较 EyeQ3 增强了将近 10 倍，功耗仅微幅增加 0.5W。Mobileye_EyeQ4 使用异构体结构，综合 MIPS 等多种片内处理器，主要包括：一组工作在 1GHz 的工业级四核 MIPS 处理器，使用创新性的多线程技术能更好地进行数据的控制和管理；多个专用的向量微码处理器（VMP），用来应对 ADAS 相关的图像处理任务（如缩放和预处理、翘曲、跟踪、车道标记检测、道路几何检测、滤波和直方图等）；使用一个军工级 MIPS Warrior CPU，该 CPU 位于次级传输管理中心，用于处理片内片外的通用数据。

Mobileye_EyeQ4 视觉处理器的参数信息见表 4-4。

表 4-4　Mobileye_EyeQ4 视觉处理器的参数信息

项目	参数
摄像头像素	150W，彩色
分辨率	1280PPI×960PPI
测量距离	>150m
水平视角	52°
垂直视角	43.4°
测量车道线的数量	4 车道线

（续）

项目	参数
测量目标个数	10
目标纵向速度误差	<0.2m/s
目标横向速度误差	<0.2m/s
目标纵向距离误差	<10m/100m
横向 C0 误差	<0.1m
车道线识别长度	>60m
CAN 通道	双路 CAN

6. 全球定位系统和北斗卫星导航系统

（1）全球定位系统和北斗卫星导航系统的定义

全球定位系统（Global Positioning System，GPS）是美国于1958年研制，1964年投入使用的一种系统。该系统利用GPS定位卫星，在全球范围内实时进行定位及导航。GPS是由美国国防部研制建立的一种具有全方位、全天候、全时段、高精度的卫星导航系统，能为全球用户提供低成本、高精度的三维位置、速度和精确定时等导航信息，是卫星通信技术在导航领域的应用典范。它极大地提高了地球社会的信息化水平，有力地推动了数字经济的发展。美国GPS全球卫星定位系统示意图如图4-11所示。

北斗卫星导航系统（BeiDou Navigation Satellite System，BDS）是中国自行研制的全球卫星导航系统，也是继GPS、GLONASS之后的第三个成熟的卫星导航系统。北斗卫星导航系统由空间段、地面段和用户段三部分组成，可在全球范围内全天候、全天时为各类用户提供高精度、高可靠定位、导航、授时服务，并且具备短报文通信能力，已经初步具备区域导航、定位和授时能力，定位精度为分米、厘米级别，测速精度0.2m/s，授时精度10ns。北斗卫星导航系统于2000年年底建成北斗一号系统，向中国提供服务；2012年年底建成北斗二号系统，向亚太地区提供服务；2020年建成北斗三号系统，向全球提供服务。中国北斗卫星导航系统示意图如图4-12所示。

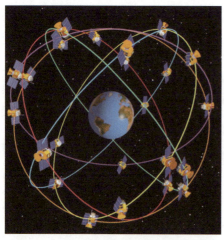

图4-11　美国GPS全球卫星定位系统示意图

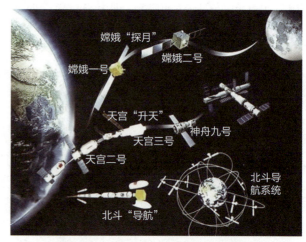

图4-12　中国北斗卫星导航系统示意图

（2）全球定位系统和北斗卫星导航系统的特点

1）全球定位系统的特点：

①全球范围内连续覆盖。由于 GPS 卫星的数目比较多，其空间分布和运行周期经精心设计，可使地球上任何地点在任何时候都能观测到至少 4 颗卫星，以此来保证全球范围的全天候连续三维定位。

②实现实时定位。GPS 定位系统可以实时确定运动载体的三维坐标和速度失量，从而可以实时地监视和修正载体的运动方向，避开各种不利环境，选择最佳航线，这是许多导航定位技术难以企及的。

③定位精度高。利用 GPS 系统可以得到动态目标高精度的坐标、速度和时间信息，在较大空间尺度上对静态目标可以获得比较高的定位精度。随着技术水平的提高定位精度技术还会有更进一步的提高。

④静态定位观测效率高。根据精度要求不同，GPS 静态观测时间从数分到数十天不等，从数据采集到数据处理基本上都是自动完成的。

⑤应用广泛。GPS 以其全天候、高精度、自动化、高效益等显著特点成功应用于测绘领域、资源勘探、环境保护、农林牧渔、运载工具导航和管制、地壳运动监测、工程变形监测、地球动力学等多门学科。

2）北斗卫星导航系统的特点：

①使用三频信号。GPS 使用的是双频信号，北斗使用的是三频信号。根据双频载波信号受电离层延迟影响的差异性，通过计算出电离层延时，可以减弱电离层对电磁波信号延迟的影响。使用三频信号能更好地抵消电离层高阶误差，定位更精确，并且当某个频点无法使用时，可切换使用双频，这是北斗的后发优势。

②有源定位及无源定位相结合。有源定位指的是在定位过程中接收机向卫星发送位置信息，无源定位接收机无须向卫星发送信息。在有源定位技术下，只要有 2 颗卫星就能定位，而正常无源定位情况下至少要有 4 颗卫星才能实现定位。在某些环境恶劣搜星情况不佳的情况下，有源技术也可精准定位。北斗使用了有源定位及无源定位相结合的技术，可以保证在不同的环境中进行准确定位。

③短报文通信服务。该功能是北斗的独有技术，短报文是指用户终端与卫星之间能够通过卫星信号进行双向的信息传递，比较适合用于紧急情况下的通信。2008 年汶川大地震，震区唯一的通信方式就是北斗一代。

④关联紧密，境内监控。北斗三号系统首创采用了 Ka 频段测量型星间链路技术。这项技术使所有北斗卫星连成一个网络，每颗星之间可以"通话"、可以测距，实现了"一星通、星星通"的功能，使卫星定位的精度大幅度提高。另外，各个卫星的星载原子钟之间可以同步运行，提高了整个导航系统时间同步的精度。北斗定位系统的地面监控部分均位于中国本土内，提高了系统的安全性。

⑤覆盖范围广。北斗中国区域检测范围约为东经 70°~140°，北纬 5°~55°，覆盖范围较广，可满足该区域内各种设备的定位需求。

除了 GPS 和北斗卫星导航系统，其他应用较为广泛的卫星定位系统还包括俄罗斯的 GLONASS 系统和欧洲的 GALILEO 系统，4 种定位系统的对比见表 4-5。

表 4-5 GPS、北斗卫星导航系统、GLONASS、GALILEO 对比

对比项目	GPS	北斗	GLONASS	GALILEO
目前状态	向现代化过渡	前期试运行	经历复兴计划	部署验证系统
预计完成时间	2025 年	2020 年	2020 年	2018 年
组网卫星数	(24~30) MEO[①]	5GEO[②]→30MEO	24MEO	30MEO
卫星轨道 /km	20230	21500	19100	23222
轨道平面数	6 (3)	3	3	3
运行周期	11h58min	12h55min	11h15min	13h
星历数据表达方式	开普勒根数	开普勒根数	直角坐标系中位置速度时间	开普勒根数
测地坐标系	WGS-84	中国 2000	PZ-90	WGS-84
时间系统	GPST	BDT	GLONASST	GPST
卫星识别	CDMA	CDMA	FDMA	CDMA
码钟率 /(mbit/s)	1.023	2.046	0.0511	1.023
电波极化	右旋圆极化	右旋圆极化	右旋圆极化	右旋圆极化
调制方式	QPSK+BOC	QPSK+BOC	BPSK	BPSK+BOC
数据速率 /(bit/s)	50	50.500	50	501.000
位置精度 /m	6	10	12	1
授时精度 /ns	20	50	25	20
速度精度 /(m/s)	0.1	0.1	0.1	0.1

① MEO 指中地球轨道。
② GEO 指地球静止轨道。

(3) 全球定位系统和北斗卫星导航系统的工作原理

1) 全球定位系统的工作原理。GPS 实施的是"到达时间差"(时延)的概念:利用每一颗 GPS 卫星的精确位置和连续发送的星上原子钟生成的导航信息获得从卫星至接收机的到达时间差。

GPS 卫星在空中连续发送带有时间和位置信息的无线电信号,供 GPS 接收机接收。由于传输的距离因素,接收机接收到信号的时刻要比卫星发送信号的时刻延迟,通常称之为时延,因此,也可以通过时延来确定距离。卫星和接收机同时产生同样的伪随机码,一旦两个码实现时间同步,接收机便能测定时延;将时延乘上光速,便能得到距离。图 4-13 所示为 GPS 系统的组成图。

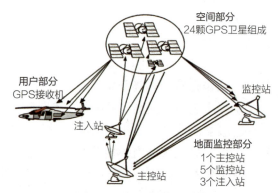

图 4-13 GPS 系统的组成图

每颗 GPS 卫星上的计算机和导航信息发生器非常精确地了解其轨道位置和系统时间，而全球监测站网保持连续跟踪卫星的轨道位置和系统时间。位于美国科罗拉多州施里弗（Schriever）空军基地内的主控站与其运控段一起，至少每天一次对每颗 GPS 卫星注入校正数据。注入数据包括：星座中每颗卫星的轨道位置测定和星上时钟的校正。这些校正数据是在复杂模型的基础上算出的，可在几个星期内保持有效。GPS 系统时间是由每颗卫星上原子钟的铯和铷原子频标保持的。这些卫星时钟一般来讲精确到世界协调时（UTC）的几纳秒以内，UTC 是由海军观象台的"主钟"保持的，每台主钟的稳定性为若干个 10~13s。GPS 卫星早期采用两部铯频标和两部铷频标，后来逐步改变为更多地采用铷频标。通常，在任一指定时间内，每颗卫星上只有一台频标在工作。

2）北斗卫星导航系统的工作原理。首先由中心控制系统向卫星 I 和卫星 II 同时发送询问信号，经卫星转发器向服务区内的用户广播。用户响应其中一颗卫星的询问信号，并同时向两颗卫星发送响应信号，经卫星转发回中心控制系统。中心控制系统接收并解调用户发来的信号，然后根据用户的申请服务内容进行相应的数据处理。对定位申请，中心控制系统测出两个时间延迟：①从中心控制系统发出询问信号，经某一颗卫星转发到达用户，用户发出定位响应信号，经同一颗卫星转发回中心控制系统的延迟；②从中心控制发出询问信号，经上述同一卫星到达用户，用户发出响应信号，经另一颗卫星转发回中心控制系统的延迟。由于中心控制系统和两颗卫星的位置均是已知的，因此由上面两个延迟量可以算出用户到第一颗卫星的距离，以及用户到两颗卫星距离之和，从而知道用户处于一个以第一颗卫星为球心的一个球面，和以两颗卫星为焦点的椭球面之间的交线上。另外，中心控制系统从存储在计算机内的数字化地形图查寻到用户高程值，又可知道用户处于某一与地球基准椭球面平行的椭球面上。从而中心控制系统可最终计算出用户所在点的三维坐标，这个坐标经加密后由出站信号发送给用户。

三、前向碰撞预警系统

1. 前向碰撞预警系统的定义及发展历程

前向碰撞预警（Forward Collision Warning，FCW）系统是通过摄像头、雷达等传感器实时感知车辆前方的物体，检测车辆与目标之间的距离并警示驾驶员的一种系统。该系统的示意图如图 4-14 所示。

图 4-14　前向碰撞预警系统的示意图

20 世纪 70 年代，日本就开始进行了汽车碰撞系统的研究。1999 年，本田、丰田、日产三大车厂各自开始开发自己的前车碰撞预警系统。2003年，本田在雅阁中首次安装了自己的碰撞缓解制动系统（CMBS），该系统是FCW系统的前身。CMBS的工作原理是：当毫米波雷达探测到前方可能有碰撞危险时，便以警告的方式提醒驾驶员；如果继续接近，当系统判断将要追尾时，则会采取自动制动措施。而日本另一大汽车厂商丰田的预碰撞安全系统最早是在2003年安装在雷克萨斯LX和RX车系上，同样也是采取了毫米波雷达作为传感器。欧美对此的研究也不落后，作为全球安全领域的领军者——沃尔沃在2006年的S80上首次安装了碰撞预警系统，通过毫米波雷达来检测车距，发现危险时会提示驾驶员立即制动，同时会推动制动片接近制动盘，以便为驾驶员制动提供最快的操作速度；2007年系统升级后，沃尔沃便增加了自动制动的功能。现在，FCW功能已经成为ADAS常见的标准配置。

2. 前向碰撞预警系统的组成

前向碰撞预警系统主要由环境感知单元、控制单元和执行单元构成，其系统组成图如图4-15所示。

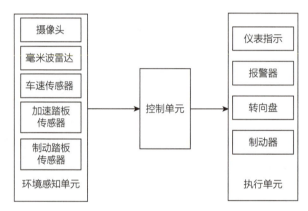

图4-15　前向碰撞预警系统组成图

（1）环境感知单元

环境感知单元主要由摄像头、毫米波雷达、车速传感器、加速踏板传感器、制动踏板传感器组成。该单元的主要作用是对行车环境进行检测，得到车辆的相关环境信息。其中摄像头和毫米波雷达的主要作用是识别及测距；车速传感器用来感测当前车辆行驶的速度；加速踏板传感器用于检测当前方可能发生碰撞危险时驾驶员是否松开加速踏板；制动踏板传感器用于检测驾驶员在接收到前方可能发生碰撞危险时是否踩下制动踏板。

（2）控制单元

控制单元可以接受来自环境感知单元的相关数据，对数据进行综合分析后，按照算法处理程序对车辆的当前行驶状态进行计算，判断车辆应使用何种处理工况进行处理，并且将处理信息发送给执行单元。

（3）执行单元

执行单元主要由仪表报警器及制动器构成。仪表报警单元接收到控制单元的信号后，将在仪表上通过图标的方式警示驾驶员,并发出警报声,某些车型还会通过振动转向盘的方式警示驾驶员。如果警告发出后驾驶员没有松开加速踏板,制动单元会强制介入,控制制动器对车辆减速,紧急情况下会控制车辆进行紧急制动。

3. 前向碰撞预警系统的原理及分类

汽车前向碰撞预警系统的工作原理可概述为:利用摄像头识别出前方物体,并通过毫米波雷达感测与前车或前方障碍物的距离,通过电子控制单元对物体进行识别并对距离进行测算,同时判断当前的工况。如果观测距离小于报警距离,那么车辆就会进行报警提示;如果观测距离小于安全距离,那么车辆就会启动自动制动。

欧洲新车安全评鉴协会(E-NCAP)对汽车前向碰撞预警系统的使用环境提出了3类应用类型,分别为用于城市路况的碰撞预警系统、用于高速路况的碰撞预警系统、用于行人保护的碰撞预警系统。

(1)用于城市路况的汽车前向碰撞预警系统

对于城市路况来说,一般的交通事故都发生在交通拥堵时,特别是在路口等待通行时。这时驾驶员可能过于注意交通指示灯,而忽视了与前车的距离;他也可能过于期待前方车辆前行甚至加速,而事实上前方车辆并未前进或者速度过慢。

城市驾驶的特点就是低速,但是容易发生不严重的碰撞,这些小事故大约占全部碰撞事故的26%左右。

低速前向碰撞预警系统可以监测前方路况与车辆移动情况,一般有效距离为6~8m。

这类前向碰撞预警系统的核心装备是毫米波雷达,一般安装在前风窗玻璃的位置。如果探测到潜在的风险,它将采取预制动措施,以便驾驶员可以更快地操作。如果在反应时间内未接到驾驶员的指令,则该系统将会自动制动或采取其他方式避免事故。而在任何时间点内,如果驾驶员采取了紧急制动或猛打转向等措施,该系统将中断。

E-NCAP定义都市型前向碰撞预警系统能在车速不超过20km/h的情况下起作用。80%的都市事故均发生在这个车速区间,而且这套系统在天气情况恶劣时效果更好。

(2)用于高速公路路况的汽车前向碰撞预警系统

在高速公路上发生的事故,与城市内事故相比,其特点是不一样的。城市快速路上的驾驶员可能由于长时间驾驶而分心,而当他意识到危险时可能又由于车速过快而为时已晚。

为了能适应这种行驶情况,用于高速公路路况的前向碰撞预警系统就应运而生了。这套系统以中/远距离毫米波雷达为核心设备,采用预警信号来提醒驾驶员潜在的危险。如果在反应时间内驾驶员没有任何反应,则将启动二次警告(转向盘振动或安全带突然收紧),此时制动器将调至预制动状态。如果驾驶员依然没有反应,那么该系统将自动实施紧急制动。

这种类型的前向碰撞预警系统主要在车速介于50~80km/h间起作用。这类系统主要针对城市间行驶的情况,在低速情况下可能只是会提醒驾驶员。

(3)用于行人保护的汽车前向碰撞预警系统

作为行人保护系统,这类前向碰撞预警系统除了能检测道路上的车辆之外,还能探测行人等障碍物。这套系统的核心装备是摄像头等传感器，它可以辨别出行人的特征。如果探测到潜在的危险，则该系统将会警告驾驶员。

相比之下，预测行人行为是比较困难的，从算法角度来说是非常复杂的。这套系统需要更有效的响应，但是如果仅是车边有行人平行通过就不能应用至制动系统。随着传感器技术的发展，这项技术还将进一步优化。

4. 前向碰撞预警系统的应用

本书介绍的前向碰撞预警系统是起亚集团凯酷汽车的前向碰撞预警系统。凯酷的前向碰撞预警系统主要分为四种工况，分别为车对车、车对人、车对自行车和交叉路口工况（图4-16~图4-19）。中国新车评价规程（C-NCAP）在2021年新规中对于前向碰撞预警系统中也加入了自行车防撞。

图4-16 车对车工况

图4-17 车对人工况

图4-18 车对自行车工况

图4-19 交叉路口工况

凯酷使用的方案是摄像头和毫米波雷达集成判断的解决方案。车载摄像头使用单目摄像头，探测距离约为150m，该摄像头的主要作用是识别前向不同的物体并做出判断，该摄像头的探测角约为52°；毫米波雷达可探测前方约50m范围的障碍物。

摄像头识别出前方物体为车辆/行人/自行车时，通过毫米波雷达和摄像头综合估算的距离计算制动减速度。如果距离较远，则在汽车仪表盘上将出现警示图标同时报警器发出报警的声音，凯酷汽车的转向盘同时会振动来提醒驾驶员。若驾驶员此时仍然未松开加速踏板或未踩下制动踏板，此时车辆将计算制动减速度来进行减速。如果车辆前方突然出现目标物，则直接进行紧急制动。针对检测出行人的制动工况，其制动效果要优于检测出车辆的制动工况的制动效果，车对人工况制动后的预留安全距离应当大于车对车工况制动后的预留安全距离。制动效果优先级为：车对人、车对自行车、车对车；预留安全距离应该为：车对人、车对自行车、车对车。凯酷针对交叉路口工况进行了系统设计，如果检测到对向车辆在转弯或直行，而此时驾驶员并未松开加速踏板或未进行制动时，则车辆将自动进行制动。

随着多传感器融合技术的发展、控制单元计算能力的提升以及执行机构的优化，前向碰撞预警系统正在朝着多先进传感器融合、高精度判断、精确控制的方向发展，进一步提高车辆的主动安全性能，从而减少车辆碰撞的可能性。

5. 前向碰撞预警系统的测试标准

当前我国已经发布了针对前向碰撞预警系统的国家推荐标准，即 GB/T 33577—2017《智能运输系统 车辆前向碰撞预警系统 性能要求与测试规程》，该标准中明确规定了车辆前向碰撞预警系统的性能要求和测试规程。

车辆前向碰撞预警系统的主要功能是自车与前车存在潜在冲突危险时，向驾驶员发出报警。标准中规定的工作原理如图 4-20 所示。

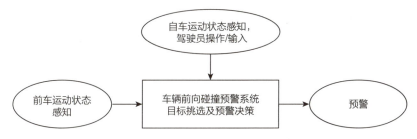

图 4-20　车辆前向碰撞预警系统的工作原理

控制器（图中称为"车辆前向碰撞预警系统目标挑选及预警决策"）根据行车危险程度向驾驶员发出报警。车辆前向碰撞预警系统的主要目的是自车与前车存在潜在追尾碰撞危险时，通过向驾驶员提供及时的报警以辅助驾驶员避免碰撞或降低碰撞严重程度。报警时机应选择适当，使之既要及早，又不会造成干扰或误警。配有车辆前向碰撞预警系统的车辆应能实现以下功能：检测到前车的存在、确定探测到的前车相对于自车的相对位置及位置的动态特性、确定自车的车速、确定自车的运动轨迹、根据车辆前向碰撞预警系统的功能及要求向驾驶员发出报警。

在系统的状态描述中，定义了系统在每个工作状态下所执行的功能：

（1）系统关闭

当车辆前向碰撞预警系统处于关闭状态，将不会进行报警。在这个状态下，可以向驾驶员提供一个除了打开点火开关以外的启动系统的其他途径（如设置一个系统开启/关闭的开关）。当点火开关被置于关的档位时，车辆前向碰撞预警系统切换到系统关闭状态。当系统故障检测单元检测到系统不能正常工作时，系统进入故障模式，系统被切换到关闭状态。

（2）系统待机

当车辆前向碰撞预警系统处于待机状态，将不会进行报警。在这个状态下，系统检测自车的车速及档位状态。如果自车车速在系统工作的车速范围内，且档位选在前进档（除了倒档及驻车档以外的其他档位），则系统将从待机状态切换到启动状态。当点火周期完成，发动机开始工作之后，或当发动机正在工作，驾驶员手动启动了系统开关，系统将从关闭状态切换到待机状态。当自车车速不在车辆前向碰撞预警系统的工作速度范围（考虑了车速变化的迟滞量），或驾驶员将档位切换到倒档、驻车档时，系统将从启动状态退出，进入待机状态。

（3）系统启动

当车辆前向碰撞预警系统处于启动状态，如果报警条件满足，则系统将发出报警命令。只要车辆档位处于任意前进档，且车速在系统的工作范围以内，车辆前向碰撞预警系统将进入此状态。

该标准对车辆的报警功能也做出了相应说明，报警目标对象规定车辆前向碰撞预警系统针对运动的障碍车辆（包括"曾被检测到在运动，但当时停止"）应能够提供报警，而针对静止的障碍车辆则是可选择的。前方障碍车辆的相关信息可由障碍探测装置（如光学雷达、无线电波雷达及摄像头等）检测。根据自车的速度、与障碍车辆之间的距离及相对速度可以预估出距离碰撞时间。如果系统同时检测到多辆障碍车辆，则系统应自动选择自车行驶轨迹上将最快追上的障碍车辆。车辆前向碰撞预警系统可以提供两种不同报警内容，即预备碰撞报警及碰撞报警。预备碰撞报警的目的是告知其前方存在障碍车辆。在这种情况下，驾驶员应准备采取必要措施避免碰撞。碰撞报警是告知驾驶员应采取必要措施避免碰撞。报警方式可选择单独或综合使用视觉、听觉和/或触觉方式。碰撞报警中，在使用视觉的同时，必须使用听觉和/或触觉报警方式告知驾驶员。报警应由以下因素决定：自车和障碍车辆之间的相对速度、车间距离及自车车速、驾驶员对报警的反应时间及自车与障碍车辆可能存在的制动减速度。当自车正在接近障碍车辆时，报警的距离应由特定参数的阈值决定，如距离碰撞时间（TTC）。

此外，标准中还规定了报警系统输出形式、报警形式、要求减速度的阈值、响应时间、不报警条件、系统分类、障碍车辆检测区域及性能要求等内容。

在性能测试方法中，标准规定了测试目标要求、环境条件、检测区域的测试方法、报警距离范围及精度的测试方法、目标辨识能力的测试方法。

关于该标准的更多详细内容，有兴趣的读者可以阅读该标准全文进行学习。

四、自适应巡航控制系统

1. 自适应巡航控制系统的定义

汽车自适应巡航控制（Adaptive Cruise Control，ACC）系统是在已存在的定速巡航控制系统基础上发展起来的一种新型智能巡航系统。该系统集成了汽车定速巡航控制系统和车辆前向碰撞预警系统，通过摄像头和毫米波雷达等传感器感知汽车前方的道路环境。如果检测到行驶车道的前方存在同向行驶车辆，计算单元将计算本车与前车的距离以及相对速度等其他信息对车辆进行加速、减速或制动控制，保证本车与前车处于安全距离以内，防止发生追尾事故。该系统示意图如图 4-21 所示。

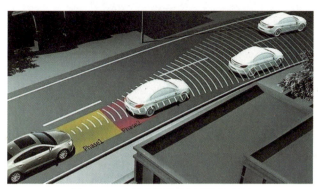

图 4-21 自适应巡航控制系统示意图

2. 自适应巡航控制系统的组成

汽车自适应巡航控制系统主要由 4 部分构成，分别是环境感知单元、电子控制单元、执行单元、人机交互单元，如图 4-22 所示。

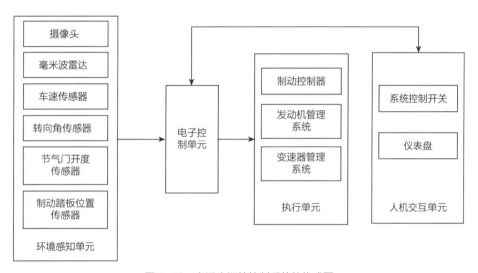

图 4-22 自适应巡航控制系统的构成图

（1）环境感知单元

环境感知单元主要由摄像头、毫米波雷达、车速传感器、转向角传感器、节气门开度传感器、制动踏板位置传感器组成。该单元的主要作用是对前方车辆信息进行感测，得到车辆的相关环境信息。其中，摄像头和毫米波雷达的主要作用是进行目标车辆识别和测距；车速传感器用来感测当前车辆行驶的速度；转向角传感器用于检测当前车辆转向的角度；节气门开度传感器用于获得当前节气门的开度；制动踏板位置传感器用于获取当前制动踏板的当前位置，用于测算制动力。

（2）电子控制单元

电子控制单元根据环境感知单元传送回来的数据进行运算，并根据车辆其他传感器判断车辆当前状态。根据当前车辆的状态进行决策，并将决策信息发送给执行单元。例如当电子控制单元计算出本车与前车的实际距离小于设定的安全距离时，它将通过控制减小发动机转矩和/或配合制动的方式进行减速。

（3）执行单元

执行单元主要由制动控制器、发动机管理系统、变速器管理系统组成。执行单元获得电子控制单元计算的数据及指令后，对车辆进行控制。制动控制器用于在紧急情况下对车辆进行制动；发动机管理系统根据计算得到的数据对发动机进行转矩输出，控制车辆的加速、减速以及定速行驶；变速器管理系统和发动机管理系统进行配合使用，控制车辆发动机在不同转速下的换档操作。

（4）人机交互单元

人机交互单元主要由自适应巡航控制系统控制开关、仪表盘组成。人机交互单元的主要作用是便于驾驶员对自适应巡航控制系统操控并指示自适应巡航控制系统的工作状态。当驾驶员启动自适应巡航控制系统时，车辆仪表盘会出现自适应巡航控制系统的图标标识当前系统已经启动。

3. 自适应巡航控制系统的工作原理

在对自适应巡航控制系统进行设计时，通常需要做出如下需求规定：自适应巡航控制系统的定速控制和车辆间距控制系统可以进行状态选择；自适应巡航控制系统对静止目标没有跟踪功能，对于动态目标应当具有探测距离、目标识别、跟踪等功能；如果当前车速低于自适应巡航控制系统的最低启动车速，则自适应巡航控制系统不工作；驾驶员的制动操作可以随时中断自适应巡航控制系统，对车辆具有绝对的控制权；自适应巡航控制系统的车间时距需要满足不同速度、不同工况下的行驶条件。

驾驶员开启自适应巡航控制按钮后，系统开始工作。车辆前部的摄像头和毫米波雷达检测车辆前方道路信息，轮速传感器收集当前的车辆行驶速度，转向角传感器输出当前车辆的转角信息。当车辆前部的摄像头和毫米波雷达没有检测到前方有车辆时，汽车按照驾驶员设定的速度进行行驶；当检测到前方出现车辆时，电子控制单元计算环境感知单元得到的数据（综合测算两车的相对距离、相对速度），结合 EMS 模块、制动模块对车辆进行纵向控制，保证车辆与前车保持安全距离。自适应巡航控制系统的控制逻辑示意图如图 4-23 所示。

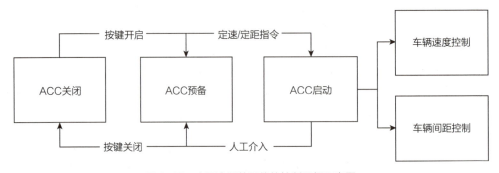

图 4-23　自适应巡航系统的控制逻辑示意图

ACC 共有 3 个状态，分为别关闭、预备和工作状态。当 ACC 关闭时，ACC 系统不工作,此时车辆的控制全部依赖于驾驶员。当驾驶员激活 ACC 后,ACC 进入预备状态,此时 ACC 系统等待驾驶员的定速指令,但是不参与车辆的纵向控制。当驾驶员下达定速指令后,ACC 进入工作状态,此时车辆以指定的速度行驶,如果前方没有检测到车辆,则继续以指定速度行驶;如果前方检测到车辆,电子控制单元根据环境感知单元的数据进行计算,输出给执行单元对车辆进行控制。

4. 自适应巡航控制系统的应用

当前,自适应巡航控制系统已经广泛应用于汽车中。本书介绍应用在奥迪 A6L 上的自适应巡航控制系统,系统示意图如图 4-24 所示。

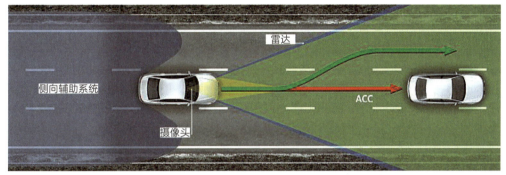

图 4-24　奥迪 A6L 自适应巡航控制系统示意图

奥迪 A6L 使用的自适应巡航控制系统是基于单目摄像头和双毫米波雷达的系统解决方案,其摄像头位于车辆前风窗玻璃的上方,双雷达隐藏在雾灯格栅后。奥迪 A6L 的自适应巡航控制系统的控制器如图 4-25 所示。

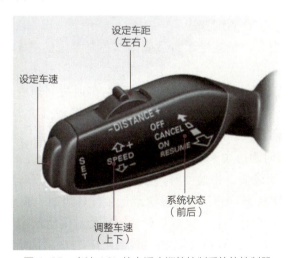

图 4-25　奥迪 A6L 的自适应巡航控制系统的控制器

"OFF"代表自适应巡航功能关闭;"CANCEL"代表"待命模式",同时在存储器中保存期望车速值;"ON"代表自适应巡航功能开启;"RESUME"代表恢复到预定车速。用户在开启 ACC 后,若按压"SET"按键,当前车速被存储。SPEED 控制杆向上推一次,车速增加 10km/h;向下拉一次,车速减少 10km/h(最大车速为 210km/h)。如果控制杆按压不超过 0.5s，则速度增加 10km/h；如果按压不动，则每超过 0.5s，速度持续增加 10km/h。其中"DISTANCE"可以分几个阶段调整与前车的距离或者时间间隔。前方车辆的时间间隔（跟车距离）被分为 7 级，可以通过设定来更改跟车距离，由驾驶员主动设置的时间间隔点表示。如果测量距离超过了设定距离的下限，则会要求驾驶员踩制动踏板，会有制动图标出现，并伴有声音警告；如果驾驶员不采取措施的话，车辆会紧急制动来保障车辆的安全。

奥迪 A6L 的自适应巡航控制系统相比于其他厂家具有如下优势：

1）其他自适应巡航控制系统一般需要在 30km/h 以上的速度才能激活，应用于奥迪 A6L 的新一代自适应巡航控制系统在 0km/h 时即可激活，系统会自动加速到 30km/h。

2）奥迪 A6L 的自适应巡航控制系统具有走停功能（ACC Go&Stop）。如果前车开始加速，并且不超过驾驶员预先设定的巡航速度，那么系统将自动加速跟随前车；如果前车正常减速，那么系统可以一直跟随前车自动减速，直至完全停止，当前车再次前进时，驾驶员只需轻踩加速踏板或按键确认，便可实现继续跟随；如果前车让出车道，系统将自动加速到驾驶员预设的速度进行巡航。在这些过程中，系统会时刻监视旁边车道内车辆的运动趋势，以判断是否有车辆要插入本车前方的空档。除了设定巡航速度，驾驶员还可以设定与前车保持距离的等级。

自适应巡航控制系统是未来自动驾驶汽车的重要系统组成成分，预计将与其他智能驾驶系统融合到一个域控制器中进行集中计算与控制。

5. 自适应巡航控制系统的测试标准

当前我国已经发布了针对自适应巡航控制系统的国家推荐标准，即 GB/T 20608—2006《智能运输系统自适应巡航控制系统性能要求与检测方法》，该标准中明确规定了自适应巡航控制系统的性能要求以及测试方法。

在标准的性能要求中，详细规定了自适应巡航控制系统的基本控制策略及测试方法，其系统行为如下：

1）当自适应巡航控制系统处于工作状态时，本车通过对速度的自动控制来与前车保持一定的车间时距或达到预先的设定速度（以二者中速度较低者为准），这两种控制模式之间的转换可由自适应巡航控制系统自动完成。

2）稳定状态的车间时距可由系统自动调节或由驾驶员调节。

3）当本车的速度低于最低工作速度时，应禁止由"等待状态"向"工作状态"进行转换。此外，当系统处于"工作状态"并且速度低于最低工作速度时，自动加速功能应该被禁止，此时自适应巡航控制系统可由"工作状态"自动转换为"等待状态"。

4）如果前方存在多辆车，自适应巡航控制系统应该自动选择跟随本车道内最接近的前车。

该标准规定了自适应巡航控制系统的基本性能，包括控制模式、车间时距、本车速度、静止目标、跟踪时的直道探测距离、跟踪时的目标识别能力、跟踪时的弯道适应能力、人机交互功能等多种性能。

在性能评价方法中，该标准规定了测试环境条件、试验目标参数、探测距离测试、目标识别能力测试、弯道适应能力测试等内容,涵盖了不同工作情况的多种指标测试,并且对不同指标进行了量化规范。

该标准是国内目前应用于自适应巡航控制的国家标准,有兴趣的读者可以阅读该标准全文进行学习。

五、车道偏离报警系统

1. 车道偏离报警系统的定义

车道偏离报警(Lane Departure Warning,LDW)系统可减少驾驶员因为车道偏离而引发的交通事故,主要通过报警或转向盘振动的方式提醒驾驶员。该系统使用摄像头作为视觉传感器检测车道线,计算车辆在车道中的位置信息及运动信息,从而判断车辆当前是否偏离车道。如果车辆偏离车道且驾驶员没有进行纠正,则系统会发出警告或通过转向盘振动的方式提示驾驶员,该系统示意图如图4-26所示。

图4-26 车道偏离报警系统示意图

2. 车道偏离报警系统的组成

车道偏离报警系统主要由环境感知单元、电子控制单元、执行单元组成,如图4-27所示。

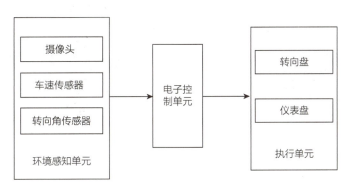

图4-27 车道偏离报警系统的系统组成图

(1)环境感知单元

环境感知单元主要由摄像头、车速传感器、转向角传感器组成,摄像头主要用于感知车辆前方道路状况,并将感知信号从模拟信号转变为数字信号;车速传感器感知当前车辆的车速；转向角传感器感知当前车辆的转角，用于下一步对车辆当前状态的判断。

（2）电子控制单元

电子控制单元主要负责综合环境感知单元的信号进行信息处理，主要包括数字图像处理、车辆状态分析及判断和决策控制。

（3）执行单元

执行单元主要包括转向盘和仪表盘，主要执行电子控制单元发出的指令。当车辆偏离车道线时，仪表盘上将显示车辆偏离的图标并通过报警装置进行报警，同时转向盘会进行振动来提醒驾驶员。

3. 车道偏离报警系统的原理

通常，一个或多个图像传感器提供道路的多帧图像，这些传感器连接至处理器的多个视频端口。数据进入系统后，被实时地变换成可处理的格式。在处理器内部，首先进行预处理，过滤掉图像捕获期间混入的噪声；然后探测车辆相对于车道标志线的位置，道路图像的输入信息流被变换为一系列画出道路表面轮廓的线条，在数据字段内寻找边缘就能发现车道标志线，这些边实际上形成了车辆向前行驶应保持的边界。处理器则要时刻跟踪这些标志线，以确定行车路线是否正常。一旦发现车辆无意间偏离车行道，处理器做出判断后输出一个信号驱动报警电路，让驾驶员立即纠正行车路线。报警形式可以是蜂鸣器或扬声器，也可以用语言提示，还有用振动座椅或转向盘的方式来提醒驾驶员。LDW 系统还要考虑到汽车正常使用的制动装置和转向装置，这些装置会影响 LDW 的工作，使系统复杂化。因此，在慢速行驶或制动、正常转向时，LDW 系统是不工作的。

4. 车道偏离报警系统的应用

本书介绍的车道偏离报警系统是 Volvo 公司的 XC60 车道偏离报警系统，该系统示意图和按键如图 4-28 和图 4-29 所示。

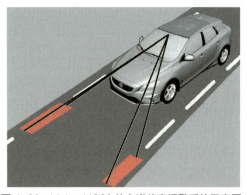

图 4-28　Volvo XC60 的车道偏离报警系统示意图

图 4-29　Volvo XC60 的车道偏离报警按键

该系统在行驶速度高于 65km/h 时可以启动，可检测当前车辆是否压线或即将偏离车道。如果检测到车辆偏离或压线时，则仪表盘会显示红色的报警标志，并发出报警声音提示驾驶员，同时，转向盘会振动来提醒驾驶员。如果车辆打转向灯或驾驶员有转向、加速时，该系统认为驾驶员在控制车辆，系统不工作。

在图 4-30 所示的仪表显示功能中，车道偏离报警（LDW）功能的路边标线在图形内标记为红色。如果显示"白色"路边标线，此功能激活，检测到单边车道。如果显示"灰色"路边标线，此功能激活，但左侧和右侧路边标线均未检测到。

5. 车道偏离报警系统的测试

当前我国已经发布了针对车道偏离报警系统的国家推荐标准，即 GB/T 26773—2011《智能运输系统 车道偏离报警系统 性能要求与检测方法》，该标准中明确规定了车道偏离报警系统的技术要求以及测试方法。

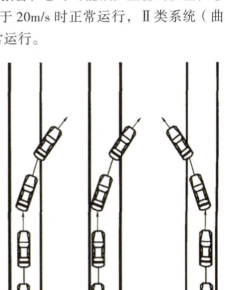

图 4-30 Volvo XC60 的车道偏离报警系统仪表显示功能

在该标准中，规定了系统要求和操作要求。车道偏离报警系统应该至少具有以下功能：①监测系统状态，包括系统故障、系统失效、系统的开/关状态（如果有开关）；②向驾驶员提示系统当前的状态；③探测车辆相对于车道边界的横向位置；④判断是否满足报警条件；⑤发出报警。

操作要求要满足如下功能：①当满足报警条件时，系统应自动发出报警提醒驾驶员；②乘用车最迟报警线位于车道边界外侧 0.3m 处，商用车最迟报警线位于车道边界外侧 1m 处；③当车辆处于报警临界线附近时，系统应持续报警；④尽可能减少虚警的发生；⑤Ⅰ类系统（曲率半径 ≥ 500m）应当在车速大于或等于 20m/s 时正常运行，Ⅱ类系统（曲率半径 ≥ 250m）应当在车速大于或等于 17m/s 时正常运行。

在该标准中，规定了车道偏离报警系统的测试方法，主要包括测试环境条件、测试的车道条件、测试的车辆条件、测试系统的安装与设置、报警产生测试、可重复性测试、虚警测试、测试合格标准等内容，并针对测试方法提出了详细的可量化的方法。例如，可重复性测试要求在一段直线路段进行，车辆行驶速度根据相应的系统分类选取，对于Ⅰ类系统选择 20~22m/s，Ⅱ类系统选择 17~19m/s，车辆可沿着车道中央行驶或者靠近与车辆即将偏离超越车道标识相对的另一侧车道标识行驶，即如果将要向车道右侧偏离，则车辆可以沿左侧的车道标识行驶，反之亦然，如图 4-31 所示。

图 4-31 可重复性测试示意图

当车辆按照指定速度沿着测试车道跟踪行驶并且达到稳定状态后，车辆可向车道左侧和右侧逐渐偏离。当偏离速度为 $0.1\text{m/s} < (V_1 \pm 0.05) \leq 0.3\text{m/s}$ 时，进行 2 组共 8 次测试（第 1 组的 4 次向左偏离，第 2 组的 4 次向右偏离）；当偏离速度为 $0.6\text{m/s} < (V_2 \pm 0.05) \leq 0.8\text{m/s}$ 时，进行另外的 2 组共 8 次测试（第

3组的4次向左偏离,第4组的4次向右偏离),即共需进行16次测试。V_1、V_2由设备制造商预先选择,是车辆的行驶速度。测试人员应根据表4-6所示的偏离速度以组(每组4次测试)为单位顺次进行测试。

表4-6 车道左侧和右侧偏离测试表

偏离速度	偏离方向	
	左	右
0.1m/s<(V_1±0.05)≤0.3m/s	第1组测试4次	第2组测试4次
0.6m/s<(V_2±0.05)≤0.8m/s	第3组测试4次	第4组测试4次

关于该标准的更多详细内容,有兴趣的读者可以阅读该标准全文进行学习。

六、车道保持辅助系统

1. 车道保持辅助系统的定义

车道保持辅助(Lane Keeping Assist,LKA)系统利用摄像头等传感器感知并计算车辆在车道中的位置信息及运动信息,利用车辆的转向和制动系统对车辆进行控制,防止车辆偏离车道而发生事故。车道保持辅助系统会对车辆的转向进行微调,使车辆驶回原车道行驶,其系统的示意图如图4-32所示。

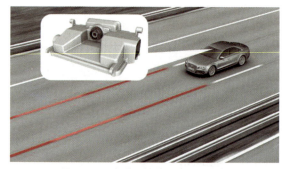

图4-32 车道保持辅助系统示意图

2. 车道保持辅助系统的组成

车道保持辅助系统主要由环境感知单元、电子控制单元和执行单元组成,其系统结构图如图4-33所示。

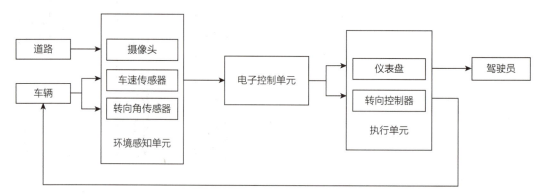

图4-33 车道保持辅助系统的系统结构图

(1)环境感知单元

环境感知单元主要由摄像头、车速传感器、转向角传感器组成。摄像头主要用于感知车辆前方道路状况；车速传感器感知当前车辆的车速；转向角传感器用于感知当前车辆的转角。

（2）电子控制单元

电子控制单元主要负责将摄像头传输的数据进行处理，在车道保持辅助系统中主要是根据摄像头的传输数据进行车道线的识别，并且根据车速传感器和转向角传感器综合判断当前车辆的状态，处理后将控制信号发送给执行单元。

（3）执行单元

执行单元包括转向控制器和仪表盘，主要执行电子控制单元发出的指令。当车辆偏离车道线时，仪表盘上将显示车辆偏离的图标并通过报警扬声器进行报警提示，如果驾驶员还未对车辆进行控制，则转向控制器（主要是 EPS）将根据电子控制单元的计算数据对转向盘转角进行微调。

3. 车道保持辅助系统的原理

车道保持辅助系统利用视觉传感器采集道路图像，利用车速传感器采集车速信号，利用转向盘转角传感器采集转向信号。如果识别出两侧的车道边界线，则电子控制单元会计算车道宽度和曲率，同时计算车辆处于当前车道的位置，并根据转向盘转角传感器计算车辆接近车道边界线的角度，根据综合计算的数值和车辆当前位置确定警报提醒。当车辆行驶可能偏离车道线时，系统发出报警。当检测到车辆偏离车道线后，电子控制单元控制转向盘转向，并施加操作力使车辆回到正常轨道。如果驾驶员打开转向灯，正常进行变线行驶，那么系统不会做出任何提示。

4. 车道保持辅助系统的应用

本书介绍的车道保持辅助系统是应用于奥迪 A8 车型的车道保持辅助系统。该系统主要由 3 部分构成：带摄像头的控制单元、带振动电机的多功能转向盘、车道保持辅助功能接通按钮，系统构成图如图 4-34 所示。

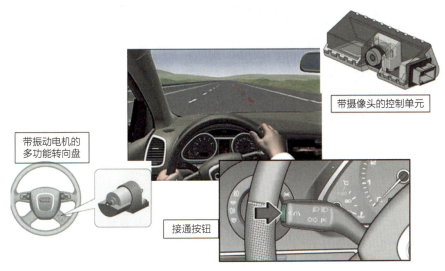

图 4-34 奥迪 A8 的车道保持辅助系统构成图

奥迪 A8 采用摄像头和控制单元集成设计的方案，该摄像头总成安装在车辆前风窗玻璃的支架上面并进行固定，摄像头的探测距离最大约为 80m，分辨率为 640×480 像素，使用 CAN 总线和 ECU 进行通信。摄像头总成可以探测车辆前方道路情况，并通过控制单元对路况进行分析，得到当前车道的边界信息以及当前车辆在道路中的状态信息来确定是否进行报警及控制。在奥迪 A8 的转向盘上装有振动电机，它可以振动来提醒驾驶员。转向盘的振动时间取决于驾驶员对于当前道路的反应情况，一般时间在 1s 左右。车道保持辅助系统的接通按钮集成在奥迪 A8 的转向拨杆上，按下接通按钮后，如果行驶车速高于 60km/h，那么车道保持辅助系统将会启动，仪表盘上会出现指示图标，正常工作的仪表指示图标如图 4-35 所示。

图 4-35　车道保持辅助系统正常工作的仪表指示图标

指示图标有 3 种颜色，分别为绿色、黄色和灰色，如图 4-36 所示。如果仪表盘上的指示灯为绿色，则表明此时系统已经激活并且可以开始工作。如果仪表盘上的指示灯为黄色，则表明此时系统已经激活，但因为某些原因无法工作，可能为：只检测到单车道边界线或没有车道边界线；无法检测出车道线（大雪覆盖、污渍、逆光等情况下）；车速低于 60km/h；车道宽度过宽，超出了摄像头检测角；车辆转弯半径过小。如果仪表盘上的指示灯为灰色，则表明此时系统已经关闭，按下接通按钮即可重新启动系统。

图 4-36　指示图标

5. 车道保持辅助系统的测试

我国于 2020 年 11 月 19 日发布了针对车道保持辅助系统的国家推荐标准，即 GB/T 39323—2020《乘用车车道保持辅助（LKA）系统性能要求及试验方法》，该标准中明确规定了乘用车车道保持辅助（LKA）系统的要求、试验条件和试验方法。

（1）一般要求和性能要求

在标准的一般要求和性能要求中，详细规定了车道保持辅助系统的状态转换、功能安全及测试偏差要求，其规定如下：

1）系统应能在状态良好的车道边线环境下识别车辆与车道边线的相对位置，辅助驾驶员将车辆保持在原车道内行驶。

2）系统至少应具备车道偏离抑制或车道居中控制功能。

3）系统应具备开机自检功能，能检查 LKA 系统相关的主要电气部件和传感元件是否正常工作。

4）系统应具备手动开/关功能，且应避免驾驶员误操作。

5）系统应监测自身状态并向驾驶员提示清晰、易懂的状态信息，包括系统故障、系统待机/激活、系统开/关等。其中，系统开/关信息可通过调取菜单等间接方式查看。

6）系统应设置功能抑制、失效、退出条件，并通过机动车产品使用说明书予以说明。

7）车道偏离抑制功能应确保车道偏离不超过车道边线外侧 0.4m；车道居中控制功能应确保车道偏离不超过车道边线外侧。

8）车道偏离抑制功能引起的车辆纵向减速度应不大 $3m/s^2$，引起的车速减少量应不大于 $5m/s$。

9）系统激活时引起的车辆横向加速度应不大于 $3m/s^2$，车辆横向加速度变化率应不大于 $5m/s^3$。

10）系统至少应在 70~120km/h 的车速范围内正常运行。

（2）系统状态与转换图

该标准规定的车道保持辅助系统的系统状态与转换图如图 4-37 所示。

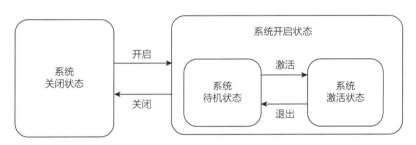

图 4-37　车道保持辅助系统的系统状态与转换图

LKA 系统的状态及转换关系表述如下：

1）LKA 系统开启、关闭可自动或手动进行。

2）当处于待机状态时，LKA 系统应实时监测车辆运行状态，但不执行任何车道保持操作。当运行状态满足系统激活条件时，系统可自动或经驾驶员确认后由待机状态转换为激活状态。

3）当处于激活状态时，LKA 系统应实时监测车辆运行状态；当满足系统退出条件时，由激活状态退出为待机状态。

4）当 LKA 系统处于激活状态时，若车辆发生非驾驶意愿的车道偏离，则 LKA 系统应进行车辆横向运动控制以辅助驾驶员将车辆保持在原车道内行驶。除此之外，LKA 系统可通过某些预先设计的指令停止或减少非必要的车道保持动作。

(3) 试验类型及试验方法

该标准还规定了三种试验类型：

1) 直道车道偏离抑制试验。

2) 弯道车道偏离抑制试验。

3) 车道居中控制试验。

具备车道偏离抑制功能的车辆应进行直道车道偏离抑制试验和弯道车道偏离抑制试验，具备车道居中控制功能的车辆应进行车道居中控制试验。

该标准是国内目前应用于车道保持辅助系统的国家标准，有兴趣的读者可以阅读该标准全文进行学习。

七、车道跟随辅助系统

1. 车道跟随辅助系统的定义

车道跟随辅助（Lane Following Assist，LFA）系统是利用摄像头等传感器感知并计算车辆在车道中的位置信息及运动信息，利用车辆的转向和制动系统对车辆进行控制，以保证车辆行驶在车道线中央的一种系统。其系统示意图如图4-38所示。

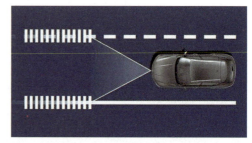

图4-38 车道跟随辅助系统示意图

2. 车道跟随辅助系统的组成

车道跟随辅助系统主要由环境感知单元、电子控制单元和执行单元组成，其系统结构图如图4-39所示。

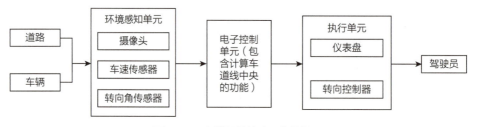

图4-39 车道跟随辅助系统结构图

(1) 环境感知单元

环境感知单元主要由摄像头、车速传感器、转向角传感器组成。摄像头主要用于感知车辆前方道路状况和车道线的相关信息，车速传感器用于感知当前车辆的车速，转向角传感器用于感知当前车辆的转角。

(2) 电子控制单元

电子控制单元主要负责将摄像头传输的数据进行处理，在车道跟随辅助系统中主要是根据摄像头的传输数据进行车道线的识别，并且计算车道线中间位置并规划车辆行驶路径，同时根据车速传感器和转向角传感器综合判断当前车辆的状态，处理后将控制信号发送给执行单元。

（3）执行单元

执行单元主要包括转向控制器和仪表，主要执行电子控制单元发出的指令。该系统启动后，转向控制器（主要是 EPS）会控制车辆保持在车道线中央行驶。

3. 车道跟随辅助系统的原理

车道跟随辅助系统利用视觉传感器采集道路图像，利用车速传感器采集车速信号，利用转向盘转角传感器采集转向信号。在行驶过程中识别出两侧的车道边界线，控制单元会动态计算车道的宽度及曲率并计算车道线中线，同时计算车辆的目标行驶路径。根据综合计算的参数等信息，控制转向系统使车辆保持在车道线中央行驶。驾驶员可以随时对该功能进行干预控制，如果驾驶员变换车道或打开转向灯出现变道行驶的趋势，则该功能不会发出警告。

4. 车道跟随辅助系统的应用

本书介绍的车道跟随辅助系统是应用于起亚凯酷车型的车道跟随辅助系统，该系统主要由 4 部分构成：摄像头、毫米波雷达、控制单元、车道跟随辅助功能启动按键。该系统的摄像头实物图如图 4-40 所示。

凯酷的车道跟随辅助系统主要有 2 个功能：维持车辆在车道中央行驶和先行车跟随功能。凯酷采用摄像头、毫米波雷达和控制单元

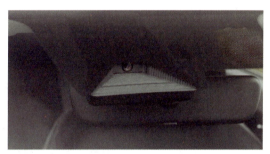

图 4-40 凯酷车道跟随辅助系统的摄像头实物图

集成设计的方案，其摄像头总成安装在车辆前风窗玻璃的支架上面并进行固定，摄像头的探测距离范围为 150m 左右，使用 CAN 总线和控制单元进行通信。摄像头采集前方道路信息后发送给控制单元，控制单元通过坐标变换、车道线检测、模型重构等多种方法进行计算，判断车道线边缘并计算车道线的相对中央位置，同时综合车辆转向角等信息对车辆的行驶路径进行规划，计算后将控制指令发送给执行单元，控制车辆保持在车道中央行驶。凯酷采用 77GHz 频率的毫米波雷达，毫米波雷达将感测数据发送给控制单元，控制单元计算相关数据后可以得到本车与前车的相对距离，实现凯酷的先行车跟随功能，如图 4-41 所示。

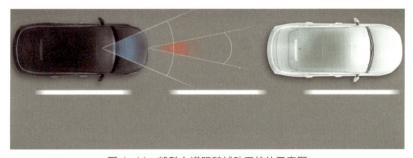

图 4-41 凯酷车道跟随辅助系统的示意图

凯酷车道跟随辅助系统的启动按钮设置在车辆的转向盘上，按下启动按钮后即可启动系统。该系统可在所有道路类型下工作，启动速度为 0~175km/h，启动后仪表盘上会出现指示图标，表明系统正常工作。该系统主要为驾驶员提供便利驾驶的功能，其开关如图 4-42 所示。

图 4-42　凯酷车道跟随辅助系统的开关

八、车辆盲区监测系统

1. 车辆盲区监测系统的定义

车辆在变道行驶时，由于转弯时后视镜存在视野盲区，驾驶员仅凭后视镜的信息无法完全判断后方车辆的信息，在一些恶劣天气，例如雨雪、大雾、冰雹等天气状况时增大了驾驶员的判断难度，导致汽车在变道行驶时存在碰撞或刮擦的危险。车辆盲区监测（Blind-Spot Detection，BSD）系统通过安装在左右后视镜或其他位置的传感器感知后方道路信息，当后方有车辆、行人、自行车及其他移动物体靠近时，盲区监测系统就会通过声光报警器提醒驾驶员或在紧急情况下进行制动。车辆盲区监测系统的示意图如图 4-43 所示。

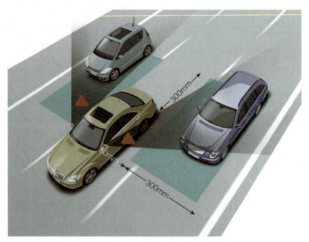

图 4-43　车辆盲区监测系统的示意图

2. 车辆盲区监测系统的组成

车辆盲区监测系统一般由感知单元、电子控制单元和执行单元等组成，如图 4-44 所示。

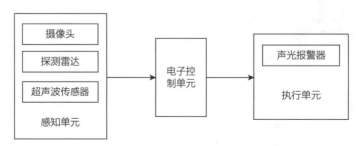

图 4-44　车辆盲区监测系统的组成示意图

（1）感知单元

感知单元目前使用的传感器主要是摄像头、探测雷达、超声波传感器。感知单元的主要作用是检测汽车后方视野盲区中是否有行人、自行车以及其他车辆，将感知的信息传送给电子控制单元，便于后期进行信息判断及处理。

（2）电子控制单元

电子控制单元的主要作用是将感知单元的信息进行处理及判断，将信号输出给执行单元。

（3）执行单元

执行单元主要由声光报警器组成。执行单元的主要作用是执行电子控制单元的指令，声光报警器主要包括显示装置和报警装置，如果检测到后方存在危险，那么显示装置就会在后视镜上显示碰撞危险图标并闪烁提示，报警装置则会发出报警声来提示驾驶员。

3. 车辆盲区监测系统的原理

车辆盲区监测系统是通过安装车辆后视镜或其他位置的传感器（主要为摄像头、毫米波雷达等）来检测后方的车辆、自行车等，由电子控制单元对感知单元的数据进行计算及判断。如果检测到盲区中有车辆或者自行车，则声光报警器会发出警报，后视镜上显示碰撞危险图标并闪烁提示，部分车型还可以进行紧急制动。

4. 车辆盲区监测系统的应用

本书介绍的车辆盲区监测系统是现代起亚汽车公司凯酷车型的车辆盲区监测系统，该系统示意图如图4-45所示。

凯酷的车辆盲区监测系统主要由安装在左右两个后视镜上的毫米波雷达完成，该毫米波雷达使用24GHz的毫米波雷达，可探测的最远距离大约为50m，可探测的角度约为30°，可识别高度为50cm以上的物体。毫米波雷达可以感知后方来到的车辆、自行车等移动物体，电子控制单元可以计算移动物体和当前车辆的相对速度，如果相对速度大于系统设定的阈值，则此时车辆盲区监测系统启动，车辆外后视镜指示灯常亮（图4-46）。若此时驾驶员试图变更车道到危险车道，此时车辆外后视镜指示灯会闪烁，警报蜂鸣器发出报警声音提示驾驶员有碰撞危险。

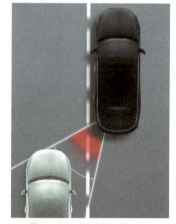

图4-45 凯酷汽车的车辆盲区监测系统示意图

如果驾驶员仍然进行变道，则凯酷会启动紧急制动系统，及时对车辆进行制动并调整车辆当前的运动方向，其功能示意图如图4-47和图4-48所示。

除此之外，凯酷在两侧的后视镜中还搭载了两个摄像头，这两个摄像头是凯酷盲点影像监测（Blind-Spot View Monitor，BVM）系统的感知传感器。该摄像头使用全方位侧摄像头，可显示后方约100m的图像，图像显示效果较为清晰。其系统摄像头图如图4-49所示。

图4-46 凯酷盲区监测系统功能实拍图

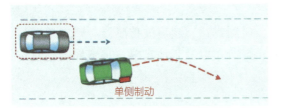

图 4-47　后方来车单侧制动示意图

图 4-48　侧方来车单侧制动示意图

图 4-49　凯酷盲点影像监测系统摄像头图

根据驾驶员开启转向灯的方向，将该方向后侧方影像显示在凯酷的仪表盘上，以提高整车的驾驶便利性。左、右侧盲区仪表显示图如图 4-50 和图 4-51 所示。

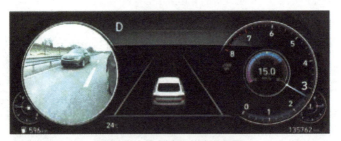

图 4-50　左侧盲区仪表显示图

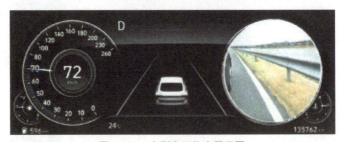

图 4-51　右侧盲区仪表显示图

北美国家汽车的后视镜一般采用平镜，视野角为 15°；我国汽车的后视镜采用曲镜，视野角约为 25°。搭载了盲点影像监测系统的凯酷汽车的视场角可达到 50°，大幅改善了原有后视镜的盲区部分，可以消除驾驶员对盲区的不安感，是一项较为实用的配置。其视野角和视场角示意图如图 4-52 所示。

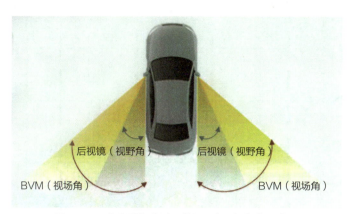

图 4-52　盲点影像监测系统视野角和视场角示意图

5. 车辆盲区监测系统的测试

我国于 2020 年 11 月 19 日发布了针对车辆盲区监测系统的国家推荐标准，即 GB/T 39265—2020《道路车辆　盲区监测（BSD）系统性能要求及试验方法》，该标准中明确规定了汽车盲区监测（BSD）系统的一般要求、性能要求和试验方法。

（1）激活方式

BSD 系统开启且处于非激活状态时，系统可检测目标车辆，但不应向驾驶员发出警告。BSD 系统激活时，系统至少能通过下列方式之一激活：

1）启动激活：车辆启动后，系统自动启动并进入激活状态。

2）最低速度激活：车辆速度达到系统设计的最低激活车速时，系统自动激活。

3）转向信号激活：系统接收到车辆发出的转向信号或判定其即将或正在进行转向操作时，自动激活目标转向区域一侧的系统功能。

（2）监测范围

在标准的性能要求中，规定了一般车辆的车辆盲区监测范围，其监测范围示意图如图 4-53 所示。图中线条旨在更准确地说明盲区监测警告要求，右侧、左侧和后部等描述参考试验车辆的行驶方向。图中所给出的所有尺寸均相对试验车辆而言，其中 1 是试验车辆，2 是第 95 百分位眼椭圆的中心，3 是 F、C、G、B 围成的区域为直线工况下的车辆左侧盲区监测范围，4 是 K、C、L、B 围成的区域为直线工况下的车辆右侧盲区监测范围。具体各线条含义如下：

1）线 A 平行于试验车辆后缘，并位于试验车辆后缘后部 30.0m 处。

2）线 B 平行于试验车辆后缘，并位于试验车辆后缘后部 3.0m 处。

3）线 C 平行于试验车辆前缘，并位于第 95 百分位眼椭圆的中心。

4）线 D 为试验车辆前缘的双向延长线。

5）线 E 平行于试验车辆的中心线，并位于试验车辆车身（不包括外后视镜）左侧的最外缘。

6）线 F 平行于试验车辆的中心线，并位于试验车辆车身左侧最外缘的左边，与左侧最外缘相距 0.5m。

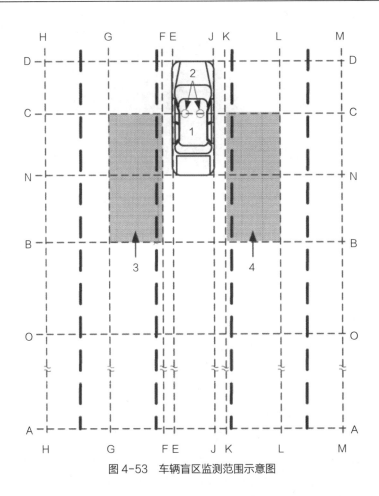

图 4-53 车辆盲区监测范围示意图

7）线 G 平行于试验车辆的中心线，并位于试验车辆车身左侧最外缘的左边，与左侧最外缘相距 3.0m。

8）线 H 平行于试验车辆的中心线，并位于试验车辆车身左侧最外缘的左边，与左侧最外缘相距 6.0m。

9）线 J 平行于试验车辆的中心线，并位于试验车辆车身（不包括外后视镜）右侧的最外缘。

10）线 K 平行于试验车辆的中心线，并位于试验车辆车身右侧最外缘的右边，与右侧最外缘相距 0.5m。

11）线 L 平行于试验车辆的中心线，并位于试验车辆车身右侧最外缘的右边，与右侧最外缘相距 3.0m。

12）线 M 平行于试验车辆的中心线，并位于试验车辆车身右侧最外缘的右边，与右侧最外缘相距 6.0m。

13）线 N 为试验车辆后缘的双向延长线。

14）线 O 平行于试验车辆后缘，并位于试验车辆后缘后部 10.0m 处。

该标准还规定了技术要求，包括目标车辆测试要求、盲区监测功能的警告要求、系统响应要求。在系统的测试条件中，该标准规定了系统的环境测试条件、试验测量系统、盲区监测试验等信息。

该标准是国内目前应用于车辆盲区监测系统的国家标准，有兴趣的读者可以阅读该标准全文进行学习。

九、车辆自适应前照明系统

1. 车辆自适应前照明系统的定义

汽车自适应前照明系统（Adaptive Front-Lighting System，AFS）是可以根据不同的道路行驶条件自动改变多种照明类型的一种照明系统。该系统可以消除因为恶劣天气、黑夜、能见度低等情况下汽车转向时视野不明所带来的危险，为驾驶员提供更加安全可靠的照明视野。未搭载汽车自适应前照明系统和搭载汽车自适应前照明系统的照明示意图分别如图 4-54 和图 4-55 所示。

图 4-54　未搭载汽车自适应前照明系统的照明示意图

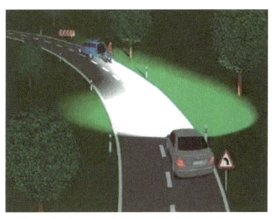

图 4-55　搭载汽车自适应前照明系统的照明示意图

2. 车辆自适应照明系统的组成

汽车自适应前照明系统主要由环境感知单元、控制单元、执行单元构成，其系统构成图如图 4-56 所示。

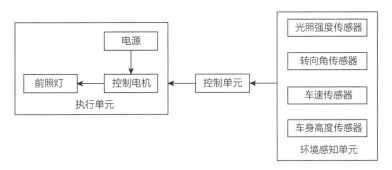

图 4-56　汽车自适应前照明系统构成图

（1）环境感知单元

环境感知单元的主要作用是感知当前的行驶环境信息并将信息通过 CAN 总线传递给控制单元，主要由光照强度传感器、转向角传感器、车速传感器、车身高度传感器组成。

其中，光照强度传感器用于感知环境亮度，便于对车灯照明强度进行调节；转向角传感器用于感知当前车辆的转向角，便于调整前照灯的照射范围角；车速传感器用于感知当前车速，车身高度传感器用于感知当前车辆的高度，便于对灯光照射高度进行调节。

（2）控制单元

执控制单元的主要作用是对环境感知单元的数据进行计算机分析，将计算后的输出结果传递给执行单元。

（3）执行单元

执行单元的主要作用是根据控制单元提供的控制信号对车辆前照灯进行高度及角度的调控。该单元主要由控制电机、电源和前照灯组成，电源驱动控制电机对前照灯进行高度和角度的调节。

3．车辆自适应照明系统的原理

车辆通过光照强度传感器不断感知环境的亮度，汽车车速传感器和转向盘转角传感器不断地把检测到的信号传递给控制ECU，ECU根据传感器检测到的信号进行处理，对运算处理后的数据进行综合判断来输出前照灯转角，并控制前照灯转过相应的角度。车辆的灯光自动开启控制可采用阈值控制法，如果当前环境的亮度小于开启阈值，那么车辆前照灯将不开启；如果当前环境的亮度大于开启阈值，那么车辆前照灯将开启。车灯的电机控制一般使用PID控制方法进行控制，通过当前车灯的实际位置和实际角度以及预设位置和预设角度的差值进行算法调控。

4．车辆自适应照明系统的应用

本书介绍的车辆自适应照明系统是马自达阿特兹汽车使用的自适应照明系统，如图4-57所示。

2019款全新一代马自达阿特兹的自适应照明系统是日系车型首款搭载智能LED矩阵前照灯的车型。该系统将LED的远光灯分割成40个单独的光源，在车辆行驶时，搭载在风窗玻璃上的车载摄像头可识别对向车辆和物体，如果检测到存在车辆或物体时，车灯照射的区域会渐变式自动熄灭与点亮。这

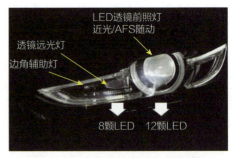

图4-57 阿特兹的自适应照明系统

样设计既可以保证驾驶员的安全性，又可以提高驾驶员的驾驶感受。

阿特兹的自适应前照灯主要有3种功能：防眩远光控制、分速调控、配光控制。

（1）防眩远光控制

阿特兹的前照灯分为行驶用前照灯和对车用前照灯2种，夜间行驶时一般使用远光灯驾驶。当安装于前风窗玻璃上的相机感知到对向车的前照灯和前车的尾灯时，便会自动熄灭相应区域的LED前照灯，控制远光灯照射范围，既避免给对方造成晕眩困扰，又确保了远光灯的卓越识别性能。该系统防眩远光控制功能在行驶时速约为40km/h以上时自动启用，示意图如图4-58所示。

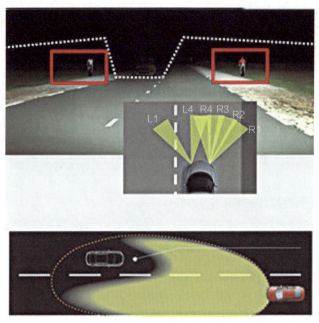

图 4-58　阿特兹自适应照明系统防眩远光控制功能示意图

（2）分速调控

阿特兹的自适应照明系统可以根据车速的不同来调节前照灯照射的距离和宽度。当阿特兹行驶在低速时（40~60km/h），灯光照射的距离为 160m，比原有的远光灯的视野更广，能快速发现行人；在中速模式下（60~105km/h），基本配光模式启动，照射距离为 175m，中速和低速模式下照射宽度均为 32m；在高速模式下（105km/h 以上），前照灯的光轴会自动上升，加强远方的照射性，前照灯照射距离为 235m，宽度为 30m 左右，可确保高速道路下的远方辨识性。该系统分速调控功能示意图如图 4-59 所示。

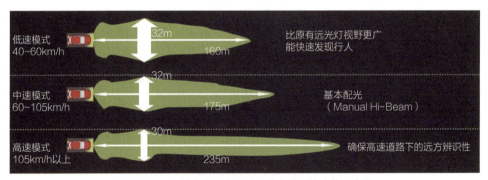

图 4-59　阿特兹自适应照明系统分速调控功能示意图

（3）配光控制

阿特兹的自适应照明系统具有先进的配光控制系统。该系统可以根据转弯的半径和转向盘的角度来调整光束，可分为 6 个阶段进行，可对应不同的转弯半径进行调控，转弯半径越大，光束的偏离角越大。另外在转向过程中，阿特兹的左右前照灯可以进行配光重叠，配光重叠后的照射距离可达 130m。该系统配光控制功能示意图如图 4-60 所示。

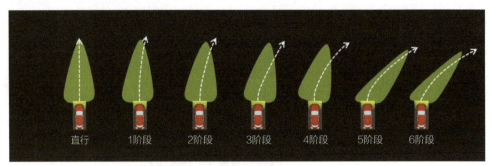

图 4-60 阿特兹自适应照明系统配光控制功能示意图

5. 车辆自适应照明系统的测试

当前我国已经发布了针对车辆自适应照明系统的国家推荐标准，即 GB/T 30036—2013《汽车用自适应前照明系统》，该标准中规定了车辆自适应照明系统的系统要求、安装规定、测试方法和检验规则。

该标准对车辆自适应照明系统的一般要求规定：

1) 系统或其组件在正常使用条件下，即使受到振动仍然应该满足使用需求并符合标准规定。

2) 系统或其组件应当配备一个装置，在系统装车时该装置允许对系统或其组件进行调整，确保系统或其组件符合整车的安装规定。如果该装置的作用可以由车上的其他功能替代，则允许免去安装该装置。

3) 系统应使用符合 ECE R37 和 ECE R99 规定的光源，但使用 LED 模块除外，其使用的光源应满足以下要求：

①采用可替换光源时，设计的系统应该保证装入系统的光源固定在正确的位置上。

②采用不可替换光源时，该光源不允许作为提供中性状态近光的照明单元的组成部分。

③若采用 LED 模块作为光源，系统应符合 GB 25991—2010《汽车用 LED 前照灯》中规定的 LED 模块和电源控制器一般要求、显色性、抗 UV 辐射和标准中规定的温度稳定性、光色稳定性和目标光通量等要求。

4) 在设计成远近光可转换的系统及其组件上，与照明单元组合并用于控制光束转换的任何机械、电子机械或其他装置，其结构应满足如下要求：

①应有足够的强度，在正常使用条件下即使收到振动仍能通过 50000 次工作且不允许损坏。

②能随时获得近光或远光而不会停在这两种光束之间或其他不确定位置，如果这些要求无法满足，那么其所处的状态应符合法规规定的其他要求。

③一旦出现故障，系统应能自动获得近光或通过关闭、减光、向下照准、和/或功能替代。

④用户采用普通工具不能改变活动部件的形状或位置，或影响开关装置。

⑤设计的系统在一个光源和/或一个 LED 模块失效时，能提供一个失效信号。

⑥系统使用的可更换光源安装应当方便，即使在黑暗中也能安装在正确位置。

⑦系统不应产生会引起汽车其他电器/电子系统误动作的辐射或电源线传导骚扰。

在系统要求中，该标准还规定了系统的光色、配光性能等。

该标准规定的试验方法中，规定了试验的一般要求、配光测量的一般要求、不同光源下的测量、弯道照明模式的测量、对 AFS 或其组件中配置 LED 模块的功能单元的测量试验。在标准规定的检验规则中，规定了系统型式的判定、系统型式和生产一致性的符合性、型式检验、生产一致性检验等内容。

关于该标准的更多详细内容，有兴趣的读者可以阅读该标准全文进行学习。

十、自动泊车辅助系统

1. 自动泊车辅助系统的定义

自动泊车辅助（Auto Parking Assist，APA）系统是利用车辆传感器感知周边环境，对车辆可停泊的有效区域进行计算并进行泊车的一种系统。该系统示意图如图 4-61 所示。

该系统是一项非常便利的系统，它可以自动帮助驾驶员将车辆停入指定车位而无须人工操作，并且可以在停车时避免剐蹭，大大降低了驾驶员的操作负担和泊车的事故率，是一种较为智能的便利化系统。

图 4-61 自动泊车辅助系统示意图

2. 自动泊车辅助系统的组成

自动泊车辅助系统主要由环境感知单元、电子控制单元和执行单元组成，其系统结构图如图 4-62 所示。

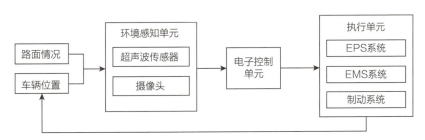

图 4-62 自动泊车辅助系统结构图

（1）环境感知单元

环境感知单元的主要作用是在车辆泊车时感知当前车辆的位置以及周边的环境情况，主要由超声波传感器和摄像头组成。超声波传感器的主要作用是感知车辆与周边物体的距离，防止车辆与周边物体出现碰撞或剐蹭；摄像头的主要作用是感知车辆当前的位置信息，并将数据发送给电子控制单元。

（2）电子控制单元

电子控制单元的主要作用是根据环境感知单元传输的信息，综合计算机分析当前车辆的周边环境以及车辆当前的位置，并计算规划路径，将计算结果输出给执行单元。

(3)执行单元

执行单元的主要作用是接收电子控制单元的指令并且通过执行器执行指令,主要由电动助力转向(EPS)系统、发动机管理系统(EMS)和制动控制系统组成。EPS 系统接收电子控制单元的信号进行精准转向操作;EMS 接收电子控制单元的信号控制发动机;制动控制系统接收电子控制单元的信号对车辆进行制动。上述系统配合使用可以保证车辆能够准确根据规划路径进行行驶,并且在接收到中断停止信号时紧急制动。

3. 自动泊车辅助系统的原理

自动泊车辅助系统的工作原理是通过摄像头和超声波雷达感知车辆周围的环境,对周边环境进行分析,确定可以停泊的车位并获取车位的尺寸、位置等信息,并使用泊车辅助算法计算泊车路径,自动转向操纵汽车泊车。该系统的工作过程主要分为 4 步,系统的工作流程图如图 4-63 所示。

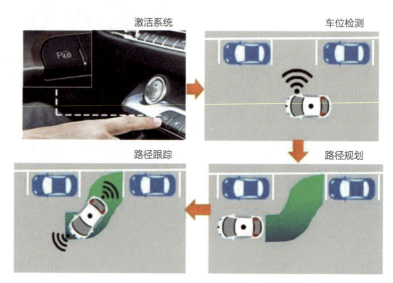

图 4-63 自动泊车辅助系统工作流程图

(1)激活系统

汽车进入停车区域后缓慢行驶,手动开启自动泊车辅助系统,或者根据当前车速自动启动系统。

(2)车位检测

通过车载传感器获取环境信息,传感器主要采用超声波雷达和摄像头,识别出可以停车的车位。

(3)路径规划

根据系统感知的环境信息,电子控制单元计算出一条能直接安全泊车的行车路径。

(4)路径跟踪及调整

通过转向、发动机和制动模块的协调控制,汽车可以跟踪已规划路径并且在泊车过程中及时进行调整。

4. 自动泊车辅助系统的应用

目前，自动泊车辅助系统主要分为半自动泊车辅助系统和全自动泊车辅助系统。

半自动泊车辅助系统在目前的部分车辆都有配备。在自动泊车过程中需要驾驶员通过加速、制动、换档等操作参与泊车的过程。本书介绍的半自动泊车辅助系统是长城汽车公司哈弗 H6 搭载的半自动泊车辅助系统。

在发动机起动状态下挂入 D 位，且满足车速低于 30km/h 时，方可通过按下自动泊车辅助系统按键开启半自动泊车辅助系统。

目前，哈弗 H6 支持平行泊车模式和垂直泊车模式，但是需要驾驶员通过操作界面进行泊车模式选择，默认情况是只搜索前排乘客侧的停车位。若需要搜索驾驶员侧的停车位，则驾驶员需提前开启驾驶员侧的转向灯。完成以上步骤后，便可以适宜的车速控制车辆前行，并与即将停放入位侧的车辆或障碍物之间保持 0.5~1.5m 的适当距离，以便半自动泊车辅助系统可通过传感器自动识别停车位并测量该停车位空间是否足够停放。哈弗 H6 的半自动泊车辅助系统示意图如图 4-64 所示。

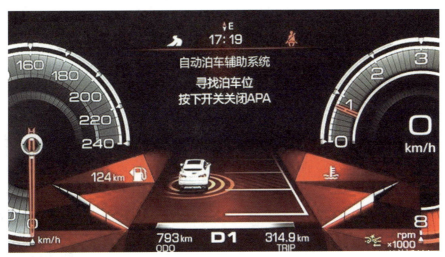

图 4-64　哈弗 H6 的半自动泊车辅助系统示意图

接下来，当发现合适的停车位后，车辆组合仪表上将出现相应提示，而半自动泊车辅助系统将彻底接管转向盘转动。此时驾驶员可将双手从转向盘上移开，只需按照仪表盘中央的操作提示一步步执行即可，从而充分享受泊车辅助技术所带来的便利。由于在接下来的整个泊车过程中，车辆的制动以及在 D 位与 R 位间的档位切换工作仍需驾驶员完成，因此谨慎地根据距离来控制泊车车速以及及时进行制动就成为顺利完成一次安全泊车的关键。

本书讲解的全自动泊车辅助系统基于小鹏 G3。2018 年，小鹏 G3 发布了"全场景泊车"的特色功能，可适应"垂直、侧方、斜方、特殊"共四种场景，可满足大部分应用场景。小鹏 G3 全车配备了 20 个智能传感器，其自动泊车功能通过"视觉 + 雷达"协同实现，既可以识别划线的停车位，又可以识别两车之间没有线的停车位。其系统示意图如图 4-65 所示。

小鹏 G3 在研发全自动泊车系统过程中,搭建了包含不同停车场景的 400 个停车位的专门测试场景,包含是否有立柱、墙体、挡车杆、地锁等多种场景。小鹏 G3 通过外后视镜的侧面摄像头可以进行车位线的识别,包括字符的识别,可以检测该车位是否有专用的车位编码,也可识别出是否是专用车位或私人车位等信息。使用后摄像头可在车主在倒车入库的时候检测车位上是否有地锁或者挡车器,如果存在地锁或挡车器,则

图 4-65　小鹏 G3 的全自动泊车系统示意图

小鹏 G3 会判定为不可入库。小鹏 G3 还采用了一个高精度惯性测量单元,在整个自动泊车的过程中可精准控制整个车辆的行车轨迹,记住已经存在的空车位并可将该记忆车位进行系统还原。如果当前车位过窄,停车后不方便下车,则可通过钥匙泊车的方式进行泊车入位。在车内设置好自动泊车功能,找到车位后挂入 P 位然后便可以下车通过钥匙进行自动泊车,长按 5s 自动泊车按键激活自动泊车功能,最后双击解锁键便可以让车辆开始自动泊车。小鹏 G3 的自动泊车系统是一套不断学习的操作系统,可根据后期的 OTA 对全自动泊车系统进行升级更新。

十一、驾驶员注意力提示系统

1. 驾驶员注意力提示系统的定义

驾驶员注意力提示(Driver Attention Warning,DAW)系统是指通过安装在车上的多种传感器感测驾驶员的当前状态,根据当前驾驶员的状态进行判断,对驾驶员进行警告及提醒的一种系统。该系统的提示图标如图 4-66 所示。

2. 驾驶员注意力提示系统的组成

驾驶员注意力提示系统主要由信息采集单元、电子控制单元和报警单元组成,其结构组成图如图 4-67 所示。

图 4-66　驾驶员注意力提示系统的提示图标

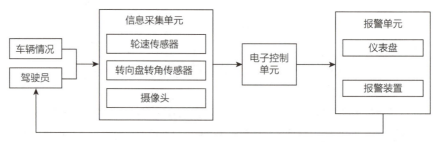

图 4-67　驾驶员注意力提示系统的结构组成图

(1)信息采集单元

信息采集单元主要由摄像头、转向盘转角传感器、轮速传感器等组成,通过摄像头采

集驾驶员的特征信息对当前驾驶员的状态进行判断,转向盘转角传感器和轮速传感器可以将车辆当前的相关行驶信息发送给电子控制单元进行判断。

（2）电子控制单元

电子控制单元主要是ECU模块,该单元接收信息采集单元的相关数据并进行计算分析,如果判断驾驶员有疲劳驾驶或注意力不集中的情况,则向报警单元发送信号。

（3）报警单元

报警单元主要由仪表和报警装置组成,该单元的主要作用是利用声光报警来提醒驾驶员。在报警时,仪表上会显示提醒驾驶员疲劳驾驶的图标,声光报警装置会发出提示音来提醒驾驶员。

3. 驾驶员注意力提示系统的原理

疲劳检测方法主要有根据驾驶员自身情况（生理特征和生理反应）的检测方法、根据汽车行驶状态的检测方法和多信息融合的检测方法。

（1）根据驾驶员生理特征的检测方法

驾驶员在处于疲劳状态下时,部分生理状态都会偏离正常指标,可以根据生理传感器的信息来判断是否疲劳,如脑电信号检测、心电信号检测、肌电信号检测、脉搏信号检测和呼吸信号检测。这种方法的准确度高,但会影响驾驶员操作,并会受到其他因素影响,因此局限性较大。

（2）根据驾驶员生理反应的检测方法

一般利用非接触式检测,检测驾驶员的面部反应特征,从而判断是否处于疲劳状态,如眼睛特征检测、视线方向检测、嘴部状态检测、头部位置检测。这种方法的优点是特征明显,缺点是算法复杂且个体因素影响大。

（3）根据汽车行驶状态的检测方法

根据行驶状态的检测方法不是检测驾驶员的状态,而是根据汽车的行驶间接判断驾驶员是否处于疲劳状态,主要利用摄像头和车辆传感器来判断,包括基于转向盘的检测、汽车行驶速度检测、车道偏离检测。这种检测方法的优点是非接触式检测,实现度高,缺点是易受到具体型号的影响,准确度不高。

（4）多信息融合的检测方法

利用信息融合技术,将上述方法的信息相结合,大大减小单一检测方法带来的弊端。这种方法的提出,使得疲劳检测准确、便捷、实时、可靠,是汽车疲劳检测研究的发展方向。

4. 驾驶员注意力提示系统的应用

本书介绍的驾驶员注意力提示系统是2017款奔驰S级搭载的注意力提示系统,该系统在60~200km/h的速度范围内可以使用。奔驰的驾驶员注意力提示系统由多种传感器组合进行感知,主要包括雨量/光线传感器、加速度传感器、ESP控制单元、仪表和转向模块。

其中，雨量/光线传感器安装在内部后视镜的风窗玻璃内侧，用来监测环境光线强度和风窗玻璃的潮湿度，根据这些信息对当前的天气状况和光线强度进行判断；加速度传感器位于车辆左侧脚部的位置，可测量纵轴方向的转动速度并且相关信息通过CAN总线传输给ESP控制单元；转向模块可以收集当前各个状态以及转向角的信号来评估驾驶行为，通过Flex E网络传输给ESP控制单元，ESP单元是注意力提示系统的主控单元，该单元通过收集CAN总线网络中的关联数据以及横摆率、横向及纵向加速度对驾驶员的疲劳程度进行评估，并将评估后的数据传输给仪表，通过仪表给驾驶员进行声光报警。

当驾驶员长时间行车而进入疲劳状态时，ESP通过收集来自转向器的信号、驾驶舱管理系统信号、雨量/光线传感器信号及车身加速度等信号，综合评估驾驶员的疲劳情况，然后通过仪表中的注意力级别条形或咖啡杯图像以及发出声音来警告驾驶员。

注意力辅助功能可以在仪表的"辅助"（Assist）菜单中选择启用或关闭，并且驾驶员可以选择三种工作模式，分别为"标准"（Standard）、"敏感"（Sensitive）、"关闭"（OFF）。

"敏感"模式比"标准"模式可以更快地发出警告信息，但是两种模式都不会显示咖啡杯的图标，"关闭"模式下警告输出受到抑制，会显示咖啡杯的图标，如图4-68所示。

在"敏感"和"标准"两种模式下，如果驾驶员疲劳驾驶程度增加或驾驶距离较长，则注意力等级会逐渐减少并变色（分别为绿色、黄色、红色），当超过警告阈值（仅显示一个红色条）时，仪表盘中随后出现警告信息"注意力辅助系统：请休息！"，并显示自上次休息以来的行驶时间和通过仪表盘扬声器发出声讯警告。此时可使用转向盘上的OK按钮，确认警告信息；若驾驶员没有休息，则经过15min后，系统会重复发出警告信息。系统提示图如图4-69所示。

图4-68 "关闭"模式咖啡杯图标

目前奔驰已经投入研发新一代基于驾驶员面部特征的注意力辅助系统，该系统可以通过分析驾驶员的面部特征来综合判断驾驶员是否处于疲劳驾驶状态，该系统示意图如图4-70所示。

图4-69 驾驶员注意力辅助系统提示图

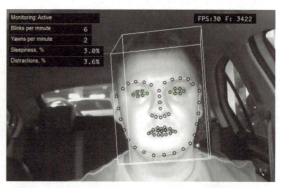

图4-70 新一代驾驶员注意力辅助系统示意图

十二、后方交通穿行提示系统

1. 后方交通穿行提示系统的定义

后方交通穿行提示（Rear Cross Traffic Alert，RCTA）系统是指在车辆倒车时，通过安装在车上的多种传感器感测车辆后部横向接近的其他道路元素，在可能发生碰撞危险时发出报警提示信息或直接介入车辆控制。该系统的示意图如图 4-71 所示。

图 4-71　后方交通穿行提示系统的示意图

2. 后方交通穿行提示系统的组成及原理

后方交通穿行提示系统主要由信息采集单元、电子控制单元和执行单元组成，其结构组成图如图 4-72 所示。

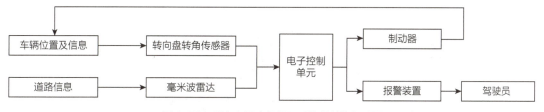

图 4-72　后方交通穿行提示系统的结构组成图

（1）信息采集单元

信息采集单元主要由毫米波雷达、转向盘转角传感器等组成，毫米波雷达负责采集车辆后方的相关道路情况，转向盘转角传感器可以采集车辆的当前转角信息。

（2）电子控制单元

电子控制单元主要是 ECU 模块，该单元接收信息采集单元的相关数据并进行计算分析，如果判断后方存在碰撞风险或即将发生碰撞，则向执行单元发送信号。

（3）执行单元

执行单元主要由报警装置、制动器组成，该单元的主要作用是执行电子控制单元的指令，利用声光报警装置来提醒驾驶员，在紧急情况时会通过制动器对车辆进行紧急制动。

3. 后方交通穿行提示系统的应用

本书介绍的交通穿行提示系统是起亚汽车公司凯酷车型的后方交叉交通安全辅助系统（Rear Cross-Traffic Collision-Avoidance Assist，RCCA），该系统在系统倒车时自动启动。凯酷的后方交叉交通安全辅助系统由安装在车辆后侧的毫米波雷达进行感测，该雷达为24GHz 短距离毫米波雷达，可探测约 25m×6m 的范围，系统示意图如图 4-73 所示。

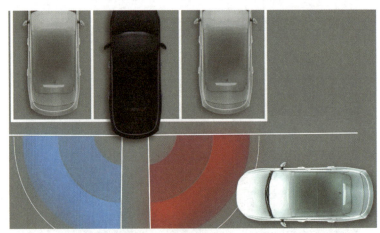

图 4-73　凯酷后方交叉交通安全辅助系统示意图

凯酷的后方交叉交通安全辅助系统的控制逻辑如下：

1）当车辆在倒车出库时感测到侧后方盲区有逐渐靠近的车辆或自行车，系统会向驾驶员发出警告信息提醒驾驶员。如果驾驶员仍然倒车且盲区车辆或自行车距离车辆距离较近，则系统将强制制动，防止发生碰撞。

2）当车辆倒车出库时感测到侧后方盲区内突然出现车辆或自行车，系统会同时发出警告信息并进行紧急制动，防止发生碰撞。紧急制动信息的仪表显示如图 4-74 所示。

图 4-74　紧急制动信息的仪表显示

十三、基于导航的自适应巡航控制系统

1. 基于导航的自适应巡航控制系统的定义

基于导航的自适应巡航控制（Navigation-based Smart Cruise Control，NSCC）系统是指车辆在高速行驶过程中，在使用自适应巡航控制系统行车时，结合地图信息，在有测速

区间时，提前减速到限制速度值行驶以防止车辆超速，保持安全行驶。该系统示意图如图 4-75 所示。

图 4-75　基于导航的自适应巡航控制系统示意图

2. 基于导航的自适应巡航控制系统的组成及原理

基于导航的自适应巡航控制系统主要由自适应巡航控制单元、导航单元、执行单元构成，其结构组成图如图 4-76 所示。

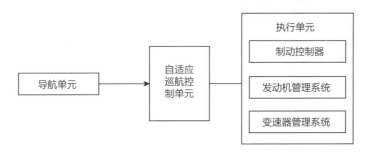

图 4-76　基于导航的自适应巡航控制系统的结构组成图

（1）导航单元

导航单元通过接收来自地图导航系统的信息，将相关信息发送给自适应巡航控制单元。

（2）自适应巡航控制单元

自适应巡航控制单元主要由自适应巡航系统组成。自适应巡航系统通过摄像头和毫米波雷达等传感器感知汽车前方的道路环境，如果检测到行驶车道的前方存在同向行驶车辆，计算单元将计算本车与前车的距离以及相对速度等其他信息对车辆进行加速、减速或制动控制，从而保证本车与前车处于安全距离以内。同时，自适应巡航控制单元接收来自导航单元的限速、道路情况等综合信息，对相关信息进行综合判断后发送给执行单元。

（3）执行单元

执行单元主要由制动控制器、发动机管理系统、变速器管理系统组成。执行单元获得自适应巡航控制单元计算的数据及指令后，对车辆进行控制。当检测到限速路段时，如果当前车速高于限制速度，则制动控制器和发动机控制系统会对车速进行限制，使其保持在限定速度下行驶；如果离开限速区间路段，则发动机管理系统会根据当前路段限速控制车辆加速到限制速度。变速器管理系统和发动机管理系统进行配合使用，控制车辆发动机在不同转速下的换档操作。

3. 基于导航的自适应巡航控制系统的应用

本书介绍的基于导航的自适应巡航控制系统的车型是起亚汽车公司凯酷车型，该系统目前只能在高速公路工况下使用，且需要将凯酷汽车自带的车载导航和自适应巡航控制系统配合使用。该系统的示意图如图 4-77 所示。

图 4-77　凯酷基于导航的自适应巡航系统的示意图

凯酷的基于导航的自适应巡航控制系统的开关位于车载系统的设置功能中，可选择开启或关闭该功能。当凯酷在高速公路上开启该功能后，仪表盘上会显示 AUTO 图标，表示系统已经正常运行。凯酷的基于导航的自适应巡航控制系统分为两种模式，一种是限速区间功能（Navigation-based Smart Cruise Control-Zone，NSCC-Z），另外一种是变道通过功能（Navigation-based Smart Cruise Control-Curve，NSCC-C）。两种模式的区别主要体现在启动区间和控制内容上。

（1）启动区间

NSCC-Z 的启动区间是安全区间，主要应用于限速路段；NSCC-C 的启动区间是安全区间，主要应用于曲线道路。

（2）控制内容

NSCC-Z 的主要控制目的是以安全速度减速控制车辆；NSCC-C 的主要控制目的是以曲率最优速度减速控制车辆。

例如在高速限速 100km/h 的直线道路上，此时系统会切换至 NSCC-Z 模式，保证车辆以安全的速度通过限速路段。

如图 4-78 所示，如果车辆行驶在曲率较大的弯道时，此时系统会切换至 NSCC-C 模式，控制单元会根据不同的曲率计算通过该弯道的最佳速度，来保证车辆行驶的安全性。图 4-78 中的车辆以 100km/h 的速度以自适应巡航控制模式进入弯道，需经过一个半径为

460m 的部分弯道。车辆在 15s 的时间从 100km/h 的巡航速度降至 80km/h 的巡航速度过弯，出弯之后又加速至 100km/h，继续以巡航模式工作。在整个驾驶过程中，该系统可以保证驾驶的安全性以及车辆乘坐人员的舒适性。

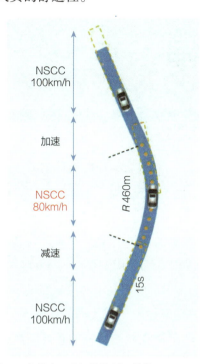

图 4-78　凯酷基于导航的自适应巡航控制系统的 NSCC-C 工况模式示意图

前瞻技术篇

第五章　智能网联汽车环境感知技术

环境感知技术是智能网联汽车的关键技术，它通过安装在车辆上的传感器对道路、行人、车辆、交通标志、信号灯等因素进行识别。

一、道路识别技术

道路识别技术是智能网联汽车视觉导航研究的重要问题，道路识别技术的任务主要包括：提取车道的几何结构、确定车辆在车道中的位置及方向、确定车辆可行驶的区域。根据道路结构的特点，道路也可分为结构化道路和非结构化道路。

1. 结构化道路

（1）结构化道路的定义

结构化道路是指具有明显的车道标识线或边界，几何特征明显，车道宽度基本上保持不变的道路，例如城市道路、高速公路等。结构化道路一般依据车道线的边界或车道线的灰度与道路明显不同实现检测。结构化道路检测方法对道路模型有较强的依赖性，且对噪声、阴影、遮挡等环境变化敏感。结构化道路的示意图如图5-1所示。

（2）结构化道路直道检测方法

结构化道路在设计过程中都有严格的行业标准，道路轮廓比较规则，不同区域的道路划分得非常清晰。例如，法规规定最高车速120km/h 的道路的极限转弯半径为650m，较低车速的转弯半径为1000m。在结构化道路的检测过程中，车辆视觉传感器视野中的道路曲率变化很小，可以用近似直线的方法对车道线进行拟合。

图 5-1　结构化道路的示意图

在检测过程中，车辆一般通过道路分割、边缘检测、边缘提取等方法完成道路检测。

其中，道路分割的主要目的是将视觉传感器视野内的检测区域分为道路区域和非道路区域，并着重对道路区域进行处理。边缘检测主要包括图像预处理、边缘提取和二值化，通过多种滤波方式消除图像中的噪声后进行边缘增强。边缘提取常用的检测方法包括 Sobel、Canny、Laplacian 算子。

（3）结构化道路直道检测的过程

结构化道路直道检测主要包括如下几个流程：

1）图像灰度处理。车载摄像头采集的图像一般为彩色图像，在进行结构化道路直道检测时需要首先将彩色图像转换为灰度图像，将三维颜色空间变化为一维颜色空间进行图像处理，一般使用加权算法进行灰度处理。图像灰度处理结果如图 5-2 所示：

图 5-2　图像灰度处理结果

2）高斯模糊。使用高斯模糊算法（正态分布平滑算法），可使上一步得到的图像更为平滑。通过应用轻微的高斯模糊，可以从图像中去除噪声。在工程界，高斯模糊算法使用的数学原理是非常基本的算法：一个模糊只需要更多的像素平均，即内核卷积过程。首先，选择照片中的像素并确定像素值，找到所选像素相邻区域的值，选择原始像素和相邻像素的值，并通过某些加权算法将它们进行平均；随后用输出的平均值替换原始像素的值并对所有像素执行此操作。

对于工程应用中使用的高斯模糊，仅仅使用高斯分布（正态分布曲线）来确定上面步骤中的权重。这意味着一个像素越接近所选择的像素，其权重就越大。这个过程并不想让图像模糊太多，模糊结果只要足够从照片中删除一些噪声即可。

3）Canny 边缘检测。通过上述两步，可以得到一个灰色且高斯模糊后的图像，Canny 边缘检测可以检测所有边缘线。

在工程界应用中，Canny 边缘检测过滤器使用数学算法来找到边缘：选择照片中的像素点并识别所选像素元左侧和右侧的像素元组的值，计算两组之间的差异。将所选像素的值进行加权计算得到差值，并对所有像素执行此操作。例如，某像素信息为（左像素，所选像素，右像素）=（133，134，155）；计算右和左像素之间的差值为 22，则所选像素的新值设置为 22。如果所选择的像素是边缘，则左和右像素之间的差值将较大（更接近255），因此在输出图像中将显示为白色。如果所选择的像素不是边缘，差值将接近 0，则显示为黑色。

上述方法为垂直方向的边缘搜寻，还需要继续比较所选像素的上下相邻的像素，以便在水平方向上找到车道边缘。可通过将垂直和水平梯度中各自的权重加总的计算方法找到重要的边缘。可简单设置两个阈值：高阈值和低阈值。假设高阈值为190，低阈值为140。对于任何具有大于190的高阈值的总梯度，该像素被认为是边缘，并识别为纯白色（255）。对于任何具有小于140的低阈值的总梯度，该像素被认为不是边缘，并识别为纯黑色（0）。对于阈值为140~190之间的任何梯度，只有当它直接接触已经被计数为边缘的另一个像素时，该像素才被算作边缘。图像Canny边缘检测结果如图5-3所示。

图5-3 图像Canny边缘检测结果

4）霍夫变换。霍夫变换（Hough Transform）于1962年由Paul Hough首次提出，后于1972年由Richard Duda和Peter Hart推广使用，是图像处理领域内从图像中检测几何形状的基本方法之一。经典霍夫变换用来检测图像中的直线，后来霍夫变换经过扩展可以进行任意形状物体的识别，例如圆和椭圆。

假设直车道线是一个线性方程式$y=kx+b$，其中k和b分别表示斜率和截距。从本质上讲，k和b确定的二维空间代表了所有线性组合，可能会为车道线产生最适合的线。对于每对（k，b），可以确定$y=kx+b$形式的特定方程。在采集的图像中可搜索这一条线的所有像素，像素如果是白色（即为边缘的一部分），则投票标记为"是"；如果为黑色，则投票标记为"否"；获得最多投票的坐标被确定为两条车道线。霍夫变换结果如图5-4所示。

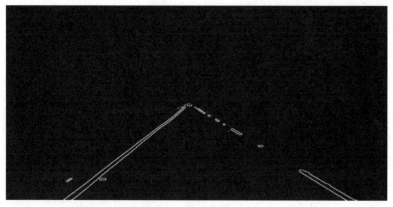

图5-4 霍夫变换结果

以上算法原理为了便于读者理解只进行了简单说明,真实开发过程中需要考虑的因素较多,还包括感兴趣的区域(Region of Interest,ROI)提取等因素,并且需要通过前向仿真硬件在环 – 实车测试等多种方式进行数据标定和算法完善。最终结构化道路直道检测的结果如图 5-5 所示。

图 5-5　结构化道路直道检测结果

(4)结构化道路的弯道检测

在结构化道路中,弯道也是一种常见的道路模型。弯道检测与直道检测的区别在于,弯道检测不仅需要识别出道路边界,还需要判断道路弯曲的方向及其曲率半径。常用的弯道检测方法主要分为两种,一种是基于道路特征的方法,一种是基于道路模型的方法。基于道路特征的方法需要在道路上进行标记且在道路条件完整的条件下才具有较好的检测效果,而基于道路模型的方法具有更好的适应性。基于道路模型的检测方法主要分为三个步骤,分别为建立弯道模型、提取车道线像素点和车道线拟合。

1)建立弯道模型。在工程应用中,经常使用的弯道模型主要有回旋曲线模型、样条曲线模型和三次曲线模型。我国的公路工程技术标准中主要使用的是回旋线型回旋线,其方程可表示为

$$RL=K^2 \quad (5-1)$$

式中,R 是回旋线上某点的曲率半径;L 是回旋线上某点到原点的曲线长;K 是回旋线参数。

在工程应用中,由于式(5-1)不宜计算,可使用式(5-2)的近似回旋线方程进行计算。

$$y=\frac{\dot{\rho}_0}{6}x^3+\frac{\rho_0}{2}x^2+\tan\varphi x+y_0 \quad (5-2)$$

式中,ρ_0 是原点处的曲率;$\dot{\rho}_0$ 是原点处的曲率变化率;φ 是车辆前进方向与螺旋线的夹角;y_0 是横向偏移距离。

2)提取车道线像素点。结构化弯道提取车道线像素点的目的是为了检测边缘并且为车道线拟合做准备,其检测流程与结构化直线道路的识别流程基本一致。在像素点提取方法方面,主要有模板匹配、像素扫描和自适应随机霍夫变换等方法。模板匹配方法主要是根据车道线可能的方向和位置建立模板库,将处理后的弯道图像和预定义车道线模板进行匹配,不同的模板代表着不同的弯道类型及状态,通过搜索算法匹配最佳的模板,该模板

中的数据就代表了车辆采集图像中的大部分特征。像素扫描是当前工程应用中使用较为广泛的一种方法，在车辆采集处理后的图像中按照某一固定步长进行方向扫描，当搜索到目标像素点时，按照预先设定的判断算法进行判断，确定该像素点是否是真正的车道线像素点。自适应随机霍夫变换是霍夫变换算法的一种变式，该算法具有多种优势，也是从图像中提取曲线一种较为常用的方法。

3）车道线拟合。车道线拟合主要根据检测到的车道线像素点来确定弯道数学模型的最优参数，主要使用的拟合方法包括直接拟合法、似然函数法和随机霍夫变换法。

直接拟合法主要包括最小二乘法、插值法、B-样条函数和分段拟合的方法等。最小二乘法是一种比较简单且常用的线性拟合方法，该方法通过计算样本像素和拟合曲线的偏差累积值并使其最小化来求得曲线模型的参数。其优点是拟合速度非常快，整个模型数据遍历一遍即可求出拟合曲线的参数。

似然函数法根据弯道模型以及投影模型建立弯道形状参数集合，描述了在道路图像中弯道边缘所有的形式。该方法通过定义似然函数使该函数的数值正比于图像中像素数据与特定弯道参数集合的匹配程度，再通过求解这个似然函数的极大值来确定最优化的形状参数进而来进一步检测出弯道。

随机霍夫变换法是霍夫变换算法的一种改进，该方法和传统的霍夫变换不同，在检测到的弯道像素样本中随机获取边缘图像的前景点，并将该前景点映射到极坐标系中，当极坐标系里面有交点达到最小霍夫投票数，将该点对应 x-y 坐标系的直线 L 找出来。搜索弯道边缘图像上前景点，把检测边缘上的点连成线段，然后将这些点全部删除，并且记录该线段的参数（起始点和终止点）。相比于传统的霍夫变换，该方法不需要遍历所有像素，运算量较小，可以节省处理器的算力。

以上算法原理为了便于读者理解只进行了简单说明，实际应用中往往需要多种模型组合来进行综合判断。例如，某些公司使用模板匹配及道路图像纹理特征结合的方法进行弯道检测，某些公司使用霍夫变换配合极大检测并进行二维重建的方法进行判断。提高识别准确率和识别速度是现在弯道检测的重要任务。结构化道路弯道检测结果如图 5-6 所示。

图 5-6　结构化道路弯道检测结果

2. 非结构化道路

（1）非结构化道路的定义

非结构化道路一般是指城市非主干道、乡村街道等结构化程度较低的道路，这类道路没有车道线和清晰的道路边界，再加上受阴影和水迹等的影响，道路区域和非道路区域难以区分。多变的道路类型、复杂的环境背景，以及阴影、水迹和变化的天气等都是非结构化道路检测所面临的困难，也是当前道路识别技术的主要研究方向。非结构化道路的示意图如图 5-7 所示。

（2）非结构化道路的检测方法

非结构化道路的检测方法目前主要有如下几种：

图 5-7　非结构化道路的示意

1）道路模型法。部分非结构化道路依然具有一定程度的固定结构，通过合理构造相对规则的边缘，可以近似得到特征明显的道路模型。该种方法的优势在于对阴影等干扰不敏感，但只适用于部分非结构化道路，无法适用于边缘不明显的完全非结构化道路。部分研究人员提出了一种基于三次样条曲线模型和分块子区生长模型（CSCM_BSG）相结合的完全非结构化道路检测算法。该方法选取 HSV 模型，对色调（H）和饱和度（S）进行三次样条插值，将图像分割并映射到伪彩色空间，利用主、辅色的色调、种类和纹理完成特征提取。这种算法只对子区进行一次扫描，避免了反复迭代，能有效屏蔽阴影、水迹等干扰，提升了道路匹配率和实时性。

2）光流法。图像特征匹配时产生的相对位移会形成光流，而光流法就是通过对光流的计算实现道路的辨别，其难点在于图像之间的特征匹配。光流法需要配合组合特征进行检测，这种方法结合了尺度不变特征转换 SIET 和放射变换，具有良好的鲁棒性，并且得到的 Harri 角点特征分布均匀。首先将非道路区域设置为感兴趣区域（ROI），通过对 ROI 区域提取 SIFT-Harri 角点组合特征，判断 ROI 区域是否静止。该方法能够形成较清晰的光流，并能识别出可通行区域。

3）消失点检测法。非结构化道路特征不明显，从而不易被系统识别。因此，以容易识别的道路消失点作为道路约束条件的方法应运而生。通过消失点检测和道路模型假设，从环境中分割出非结构化道路区域。目前，消失点检测主要基于Gabor纹理的加权投票方法；可采用一尺度四方向的Gabor滤波器，对原图像的灰度图进行滤波，得到4个方向上的实部和虚部矩阵；计算4个纹理响应的方向并排序，通过置信度来筛选投票候选点，确定主方向并进行校正。这种检测方法受光照强度影响较小，在夜间有较好效果，但计算量过大，实时性差。

4）图像分割法。图像分割法根据人工设定的特征对图像进行分割，并进行处理，从而实现道路识别的目标。研究人员提出了一种基于特征模型的非结构化道路识别跟踪方法，该方法利用局部二值模式（LBP）纹理特征和颜色特征建立了 H-S-LBP 特征模型并进行反向投影，以完成分割。同时，利用卡尔曼滤波器对特征模型进行更新。交替执行反向投影和模型更新，从而完成对非结构化道路的跟踪。该方法鲁棒性、实时性较好，精度较高。

5）机器学习。虽然非结构化道路特征不明显，但周围环境中的植物特征相对明显。根据非结构化道路的特点，可使用机器学习中的部分理论来解决道路检测问题。通过检测植被，完成可通行区域和不可通行区域的甄别。考虑到植被几何形状、边缘线等特征不明显，该方法采用颜色特征，选择图像像素相关性较小的模型，采用超像素分割方法（SLIC）标记原始样本，从而获得样本空间的稀疏表示。运用支持向量机通过高斯核函数进行学习，使用学习得到的模型对图像进行分类。最后，将分类结果中置信度高于设定值的栅格窗标记为植被区，植被区外的图像即可检测为道路。

6）数据融合。视觉传感器能够采集图像信息，同时雷达传感器能够收集深度信息。基于上述特点，有学者通过结合两种传感器各自的特点提出了一种非结构化道路的实时语义分割地图方法。该方法通过深度学习训练图片，用完成训练的模型对图片语义进行分割；同时，利用雷达获取与图片逐帧对应的点云数据，将点云数据和语义分割图相匹配、融合，得到 2.5D 分割地图。根据地图计算不同候选路径的损失，最终选择损失最小的路径作为当前路径。该方法能综合考虑图像纹理和深度信息，时效性、鲁棒性较好。

图 5-8　非结构化道路的检测结果

非结构化道路的检测结果如图 5-8 所示。

二、行人检测技术

1. 基于视觉的行人检测技术

基于视觉的行人检测技术是目前的主要应用技术，本书介绍的方法是方向梯度直方图与支持向量机配合检测的方法。

方向梯度直方图（Histogram of Oriented Gradient，HOG）是应用在计算机视觉和图像处理领域，用于目标检测的特征描述器。这项技术是用来计算局部图像梯度的方向信息的统计值。这种方法与边缘方向直方图（Edge Orientation Histograms，EOH）、尺度不变特征转换（Scale-Invariant Feature Transform，SIFT）以及形状上下文方法（Shape contexts）有很多相似之处，但与它们的不同点是：HOG 描述器是在一个网格密集的大小统一的单元上计算，而且为了提高性能，还采用了重叠的局部对比度归一化技术。HOG 特征结合支持向量机（Support Vector Machines，SVM）分类器已经被广泛应用于图像识别中，尤其在行人检测中获得了极大的成功。

HOG 特征的重要基础是图像梯度直方图，具体来说是梯度方向的分布图，在检测行人时更加关注图像上的形状和纹理。为了观察这些梯度的空间分布，需要把图像分成网格，并由此计算多个直方图。HOG 检测时，首先将图像分成小的连通区域（单元）；然后采集细胞单元中各像素点的梯度或边缘的方向直方图；最后把这些直方图组合起来就可以构成特征描述器。HOG 特征把局部直方图在图像更大的范围内进行对比度归一化，通过归一化后，能对光照变化和阴影获得更好的效果。

HOG 特征提取算法的实现过程如下：

1）图像灰度化。

2）采用色彩归一化对输入图像进行颜色空间的归一化，目的是调节图像的对比度，降低图像局部的阴影和光照变化所造成的影响，同时可以抑制噪声的干扰。

3）计算图像每个像素的梯度（包括大小和方向），主要是为了捕获轮廓信息，同时进一步弱化光照的干扰。

4）构建直方图，将图像划分成小单元（例如，8×8 像素/单元）。

5）统计每个单元的梯度直方图，可形成每个单元的描述。

6）将几个单元组成一个块（例如，3×3 个单元/块），一个块内所有单元的特征串联起来便得到该块的 HOG 特征描述。

7）将图像内的所有块的 HOG 特征描述串联起来就可以得到该图像的 HOG 特征描述，得到最终可供分类使用的特征向量。

支持向量机（SVM）是一种二分类模型，它的基本模型是定义在特征空间上间隔最大的线性分类器，间隔最大使它有别于感知机。SVM 还包括核技巧，这使它成为实质上的非线性分类器。SVM 的学习策略就是间隔最大化，可形式化为一个求解凸二次规划的问题，也等价于正则化的合页损失函数的最小化问题。SVM 的学习算法就是求解凸二次规划的最优化算法。实践表明，当特征空间的维度超过样本数量时，SVM 的效果是最好的。此外，SVM 占用内存很少，因为它只需要存放支持向量（而最近邻法等算法则需要将全部样本点存放在内存中）。构建分类器时，将方向梯度直方图和 SVM 结合使用的效果很好，原因之一是 HOG 可以看作是一个具有鲁棒性的高维描述子，能准确反映一个类别的本质特征。

使用 HOG+SVM 进行行人识别的结果如图 5-9 所示。

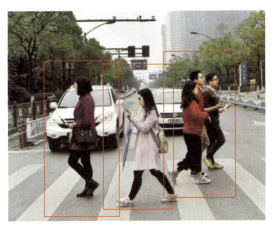

图 5-9　使用 HOG+SVM 进行行人识别的结果

2. 基于视觉和激光雷达融合的行人检测技术

基于视觉和激光雷达融合的行人检测技术是最近几年兴起的方案，目前有部分高新企业已经应用该技术。激光雷达可以获得行人在二维平面的位置及其他状态信息，可以对目标进行较为精准的状态估算。通过激光雷达和摄像头数据的融合进行综合判断，可以提高系统的检测性能及检测精度。基于激光雷达与摄像头融合的行人检测步骤主要分为 4 步，分别为：

1）对激光雷达的数据进行处理，划分感兴趣的区域。
2）对摄像头检测的数据进行处理，利用基于图像的行人检测算法进行训练。
3）利用已经训练完成的分类器对感兴趣的区域内的行人进行检测。
4）对激光雷达和摄像头判断的数据进行综合判断。

对激光雷达采集的数据进行聚类和分类处理，可得到较为精确的感兴趣区域。利用已经完成的分类器对感兴趣的区域内的行人进行检测并进行综合判断，可以提高检测的速度和精度。

三、车辆检测技术

1. 基于视觉的车辆检测技术

基于视觉的车辆检测技术可分为基于车辆外观的检测方法和基于车辆运动的检测方法。基于车辆外观的检测方法从单帧图像中进行车辆检测，而基于车辆运动的检测方法使用连续帧的图像进行车辆检测。早期由于计算机和显卡的处理速度较低，车辆使用图像对称性和边缘特征进行检测。随着计算机和显卡性能的提升，一些基于视觉的车辆检测技术也在逐渐发展。本书介绍的基于视觉的车辆检测技术为 YOLO。

近几年来，基于深度学习的目标检测算法取得了很大的突破。比较流行的算法可以分为两类，一类是基于候选区域的 R-CNN 系列算法，主要包括 R-CNN、Fast R-CNN 和 Faster R-CNN，该系列算法的特征是两段式设计，需要先使用启发式方法或者卷积神经网络（CNN）产生候选区域，然后再在候选区域上做分类与回归。另一类是 YOLO 一段式算法，其仅仅使用一个 CNN 网络直接预测不同目标的类别与位置。两段式算法准确度高，但是速度慢；一段式算法速度快，但是准确性要低一些。YOLO 最初于 2015 年的 IEEE 国际计算机视觉与模式识别会议（CVPR）上由 Joseph Redmon 在其论文 *You Only Look Once:Unified, Real-Time Object Detection* 中提出，最初代的版本被命名为 YOLO V1；2016 年，论文 *YOLO9000: Better, Faster, Stronger* 中提出了 YOLO V2，2018 年，论文 *YOLO V3: An Incremental Improvement* 中提出了 YOLO V3；2020 年，YOLO V4 和 V5 相继诞生。

（1）YOLO 的基本原理

YOLO V1 使用回归的方法进行目标检测，执行速度快，可以进行非常高效的检测。YOLO V1 的基本思想是把一幅图片首先重构为 448×448 大小（由于网络中使用了全连接层，所以图片的尺寸需固定大小输入到 CNN 中），然后将其划分成 $S×S$ 个单元格，以每个格子所在位置和对应内容为基础来预测。

YOLO 算法原理图如图 5-10 所示，先将图片划分成 $S×S$（图中为 7×7）个栅格，每个栅格负责检测中心落在该栅格中的物体。每一个栅格预测 B（表示每个单元可以预测的边界框的数量,本图是 2 个)个边界,以及这些边界的置信度,如果里面没有预测物体,则得分为 0。YOLO 对每个边界有 5 个预测:x、y、w、h 和 confidence。坐标 (x,y) 代表了预测的边界中心与栅格边界的相对值;坐标 (w,h) 代表了预测的边界的宽度、高度相对于整幅图像宽度、高度的比例;confidence 就是预测的边界和正确得分标记边界的 IOU 值(2 个矩形交集的面积/2 个矩形并集的面积,在 [0, 1] 之间)。每一个栅格还要预测总标记类别的条件类别概率。YOLO 将检测模型化为回归问题,例如图 5-10 中,可以把图像编码为 $7×7×(2×5+20)$ 的张量。

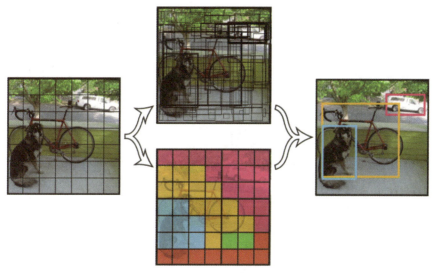

图 5-10　YOLO 算法原理图

YOLO V1 的网络结构如图 5-11 所示。

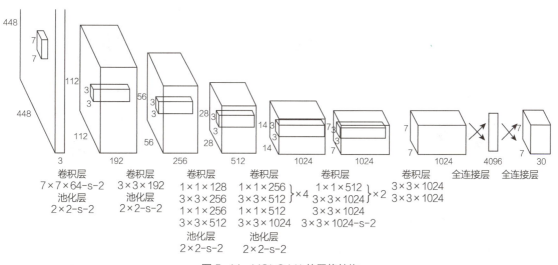

图 5-11　YOLO V1 的网络结构

输入图像大小为 $448×448$,经过若干个卷积层与池化层,变为 $7×7×1024$ 的张量,最后经过两层全连接层,输出张量维度为 7730,这就是 YOLO V1 的整个网络结构。与一般的卷积物体分类网络最大的不同就是：分类网络最后的全连接层，一般连接于一个一维向量，向量的不同位代表不同类别，而这里的输出向量是一个三维的张量（7×7×30）。YOLO 的 backbone 网络结构，受 GoogLeNet 的启发，也是后来 YOLO V2 及 V3 中 Darknet 网络的先锋，即没有使用 BN 层，只用了一层 Dropout。除了最后一层的输出使用了线性激活函数，其他层全部使用 Leaky ReLU 激活函数。

（2）使用 YOLO V4 进行车辆检测

1）YOLO V3 的改进。YOLO V4 是在 YOLO V3 的基础上发展而来的，在讲解 YOLO V4 之前，需要先说明 YOLO V3。YOLO V3 相比之前的 YOLO V1 及 V2，改进较大，主要改进方向有：

①主干网络使用 Darknet53 框架，其重要特点是使用了残差网络。Darknet53 中的残差卷积可进行一次 3×3、步长为 2 的卷积，然后保存该卷积层，再进行一次 1×1 的卷积和一次 3×3 的卷积，并把这个结果加上层机构作为最后的结果。残差网络的特点是容易优化，并且能够通过增加相当的深度来提高准确率。其内部的残差块使用了跳跃连接，缓解了在深度神经网络中增加深度带来的梯度消失问题。

②Darknet53 的每一个卷积部分使用了特有的 DarknetConv2D 结构，每一次卷积的时候进行正则化，完成卷积后进行 Batch Normalization 标准化与 Leaky ReLU。普通的 ReLU 是将所有的负值都设为零，Leaky ReLU 则是给所有负值赋予一个非零斜率。

2）YOLO V4 的改进。YOLO V4 是 YOLO V3 的改进版，整体上的检测思路相差并不大，都是使用 3 个特征层进行分类与回归预测。主要改进如下：

①主干特征提取网络从 DarkNet53 变为 CSPDarkNet53。

②改进训练方法，利用数据增强的方法把 4 张图片拼成 1 张图片，相当于增加了训练的 mini-batch，并使用自对抗训练数据增强方法，让神经网络反向更新图像，对图像做改变扰动，然后进行训练。其改进训练方法测试图如图 5-12 所示。

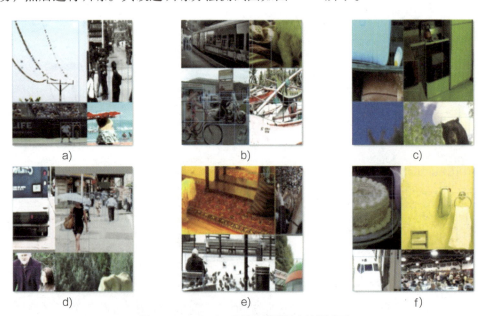

图 5-12　YOLO V4 的改进训练方法测试图

③使用近几年最新深度学习网络的技巧,例如 CutMix 数据增强、Swish 等,并使用 Mish 激活函数。

④使用 CmBN(Cross mini-batch Normal)进行归一化处理,该方法是在 CBN 的基础上改进的,吸收了 BN 和 CBN 的优点。

使用 YOLO V4 进行车辆目标检测的整体过程为:对实时输入的图像进行放缩预处理,随后在 YOLO V4 的 CNN 中进行处理。在该网络中,CNN 根据图像特征可将图片分割为固定尺寸的窗口网格,利用动态的滑窗间隔尺寸检测中心点在窗口网格内的目标情况。随后根据边缘检测物体边界条件的坐标偏移量以及置信度算子进行得分估算,并且 YOLO V4 会在不同等级的情况下对估算结果进行等级划分及预测,根据预测的等级及分数对不同物体划出边界框。在进行车辆目标检测过程中,检测目标的类别总共约为 3 类,使用 YOLO V4 算法计算的张量数量总量为 $S \times S \times [3 \times (4+1+3)]$,张量数量中包括边界框坐标、目标检测数量以及分类种类数量。YOLO V4 的车辆目标检测结果如图 5-13 所示。

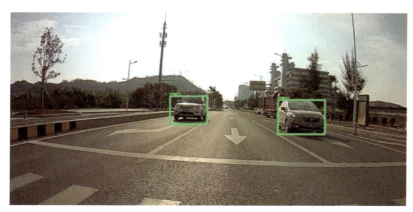

图 5-13 YOLO V4 的车辆目标检测结果

2. 基于视觉和激光雷达融合的车辆检测技术

基于视觉和激光雷达融合的车辆检测技术是最近几年发展起来的技术。激光雷达能够快速扫描平面的距离信息,并获得障碍物在扫描平面中的外轮廓,并且不受光照条件等因素的影响。两种传感器可以实现功能上的互补,在检测过程中需要将车辆坐标、激光雷达坐标和摄像头坐标进行数据统一融合并转换到同一坐标系下进行处理。其检测过程如下:

1)激光雷达进行数据扫描,选择合适的聚类方法,对聚类后的数据进行处理,选择感兴趣的区域。

2)使用基于机器学习的检测方法或传统的车辆检测方法对感兴趣区域进行车辆检测,通过车辆在激光雷达中的数据特征进行卡尔曼状态跟踪。

3)检测完成后对特征参数进行特征融合,输出目标的属性参数,并对识别结果进行分析及判断。

由于当前激光雷达的价格较高,基于视觉和激光雷达融合的车辆检测技术目前只有部分厂商在使用,其检测准确度较高,是车辆目标检测的一种较为先进的技术。

四、交通信号灯识别技术

1. 交通信号灯的种类

在国内,交通信号灯的设置必须遵循GB 14887—2011《道路交通信号灯》和GB 14886—2016《道路交通信号灯设置与安装规范》。从颜色来看,交通信号灯的颜色有红色、黄色、绿色这三种颜色,而且三种颜色在交通信号灯中出现的位置都有一定的顺序关系。从功能来看,交通信号灯有机动车信号灯、闪光警告信号灯、道口信号灯、非机动车信号灯、左转非机动车信号灯、人行横道信号灯、车道信号灯、方向指示信号灯、掉头信号灯等。

2. 交通信号灯的识别方法

交通信号灯的检测与识别是无人驾驶与辅助驾驶必不可少的一部分,其识别精度直接关乎智能驾驶的安全。一般而言,在实际的道路场景中采集的交通信号灯图像具有复杂的背景,且感兴趣的信号灯区域只占很少的一部分。针对这些难点,国内外的众多研究者提出了相应的解决方案。总体来说,大多是基于传统的图像处理方法,但目前也有用强学习能力的卷积神经网络去进行识别,但这类方法往往需要大量的训练样本避免过拟合的风险。截至目前的大多数方法都是在各种颜色空间中利用信号灯颜色的先验进行分割得到感兴趣区域,然后再通过信号灯所特有的形状特征和角点特征等进行进一步的判定。本书介绍的交通信号灯识别方法是基于颜色分割与特征匹配相结合的一种方法。

在进行信号灯检测时,主要分为如下3个步骤:

(1)颜色分割

为了消除噪声、光照等因素的干扰,首先对采集的图像进行直方图均衡化。对每一个通道(R、G、B)[⊖]数据进行直方图均衡化,再合并为一个3通道图像。颜色特征是交通信号灯重要而显著的特征之一。要对交通信号灯进行颜色分割,首先要选择合适的色彩空间。RGB色彩空间中的R、G、B这3个分量之间相关性较高,受光照影响较大,不利于颜色分割。因此,需要对信号灯进行归一化处理,随后统计不同环境条件下拍摄的交通信号灯的红色、绿色的R、G、B值,确定交通信号灯的颜色阈值。

(2)感兴趣区域提取

该步骤的主要目的是对分割的红色通道图像和绿色通道图像进行联通区域的标定,并提取区域的基本几何特征,比如长度、宽度、长宽比、面积(白色像素个数)。

(3)信号灯区域判定与识别

该步骤在前一步骤的基础上根据信号灯的特有特征过滤出真正的信号灯区域,主要包括信号灯面积、信号灯形状、信号灯的黑色边框。在设置过程中,信号灯面积的判定阈值可以根据实际情况进行设定,过滤面积过大或过小区域;形状特征是交通信号灯的重要特征,对于圆形交通信号灯使用圆形度检测,通过设置检测阈值过滤圆形度过低的区域,其中圆形度是指候选区域边缘接近圆形的程度;交通信号灯在背景颜色上有较为显著的特征,

---

⊖ R、G、B分别代表红色、绿色和蓝色的分量。

它的灯板是一个黑色的矩形框,利用该特征可以使用 SVM 分类器进行特征提取进行识别。交通信号灯识别的示例图如图 5-14 所示。

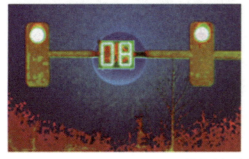 

图 5-14　交通信号灯识别的示例图

五、交通标志识别技术

1. 交通标志的种类

在我国,交通信号灯的设置必须遵循 GB 5768.2—2009《道路交通标志和标线　第 2 部分:道路交通标志》。该标准规定了交通标志主要分为主标志和辅助标志两大类,主标志又分为警告标志、禁令标志、指示标志、指路标志、旅游区标志、作业区标志、告示标志共 7 种。车辆行驶过程中最常见的交通标志主要有警告标志、禁令标志和指示标志。

(1)警告标志

警告标志主要用来警告车辆驾驶员、行人前方有危险,是警示驾驶员和行人的标志。警告标志的特征一般为黄色底色、黑色边缘且内部图形为黑色,形状大多是正三角形。

(2)禁令标志

禁令标志主要用来禁止或限制车辆、行人的交通行为及相应解除。禁令标志的特征一般为白色底色、红色边缘、黑色的内部图像搭配红色的斜杠(解除速度限制和解除禁止超车除外),形状大多是圆形,特殊的标志使用正八边形和倒三角形。

(3)指示标志

指示标志主要用来指示车辆及行人的行进,指示标志的特征一般为蓝色底色、白色的内部图形,形状大多是圆形和矩形。

2. 交通标志的识别方法

交通标志的识别技术是智能网联汽车实现无人驾驶的一项重要技术。当前交通标志的检测方法主要有两种,一种是基于颜色特征和图形特征组合的识别技术,一种是基于深度学习的识别技术。现在已量产的车型大多使用颜色特征和图像特征组合的识别技术,其主要分为如下几步:

(1)图像预处理

通过图像均衡、图像增强和图像去噪等算法,将图像的光线均衡,突出关键信息。

（2）交通标志分割

预处理后的图像包含很多信息，交通标志在其中只有很小的一个区域。为了减小处理的数据量，加快处理速度，一般都会先将交通标志的区域检测出来，再去判断这个区域中的交通标志的具体含义。交通标志在颜色和形状上都有一定的特殊性，因此可按照图5-15所示的方法进行分类。

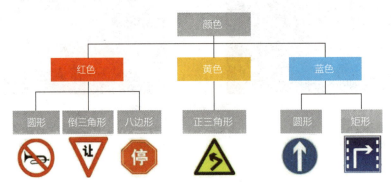

图5-15 交通标志按颜色和形状分类示意图

颜色按照国际标准可划分为RGB、HSV、HSI等颜色空间，需要对颜色空间进行量化分析。以RGB空间为例，将颜色按照红色、绿色、蓝色三种颜色进行分割，通过给定交通标志牌中常用的色彩的色度坐标范围，即可过滤掉与之不相关的颜色信息，快速检测到交通标志牌。仅仅检测颜色显然是不够的，由于光照、背景色的影响和干扰，还需要在颜色检测结果的基础上对相应区域进行形状检测。交通标志具有边缘清晰、形状简单易辨认的特点。这些特征在排除颜色影响后的灰度图像中更加明显，因此通过一定的边缘检测算子去判断图像像素中出现的灰度阶跃变化，一般就能较为准确地检测出交通标志的形状和轮廓特征。

（3）交通标志特征提取

图像的关键特征是识别具体信息的关键因素，特征的好坏直接决定了识别的准确度。一般说来这些关键特征需要具有可区分性、简约性和抗干扰等几个要素，可区分性即不同标志的特征要具有足够的差异性，简约性是在保证可区分性的前提下用尽量少的数据表示图像特征，这可以保证检测的速度和效率，抗干扰度即图像特征信息要保证尽量少地被噪声、自然光和图像畸变影响。在交通标志识别上，一般会提取颜色特征、线条变化特征、矩特征、灰度直方图统计特征等，并会在事先维护一个足够样本数量的特征库，包含现有交通标志的图像特征信息。在识别的时候将采集到的图像的特征提取出来与数据库中的条件进行比对，即可判断出该交通标志的实际意义。

（4）识别结果匹配

目前有多种方法实现图像特征与特征库数据的比对，最为简单直接的方式是模板匹配法。即在特征库中将不同交通标志的特征参数规定为某些特定的参数，当所采集图像的特征参数在某个范围内，就判断是这个交通标志信息。在实际工程应用中，由于图像在采集的时候难免发生形状畸变、颜色失真等误差，用模板匹配来识别的成功率和准确度并不是特别高，即便优化了图像处理算法，也还有很多局限性。因此，需要使用其他方法配合使用模板匹配进行识别判断。以模板匹配法为基础的交通标志识别结果如图 5-16 所示。

图 5-16　以模板匹配法为基础的交通标志识别结果

近些年机器学习技术的发展，让图像识别也有了很大的变化。通过设定一些简单的判断条件，并在特征库中加入各种形态和场景下的学习样本，让系统不断加深交通标志识别的认知和识别概率。机器学习让识别不再依靠具体固定的参数，而是通过一系列的条件判断让系统找到概率最大的目标，以此提升识别的准确度和灵活性。这一技术在目前成为研究的热点，并有效提高了交通标志识别的准确率及识别速度。

前瞻技术篇

第六章 智能网联汽车定位导航技术

在智能网联汽车中,定位导航技术用来提供车辆的位置以及姿态等信息,是智能网联汽车实现无人驾驶的重要基础。智能网联汽车的定位需要获得汽车的航向数据以及位置数据,本书主要介绍两种技术:GPS/DR 组合定位技术、同步定位与建图技术。

一、GPS/DR 组合定位技术

1. GPS/DR 组合定位技术的系统构成

车辆航位推算(Dead Reckoning,DR)方法是一种常用的自主式车辆定位技术。相对于 GPS,它不用发射接收信号,不受电磁波影响,机动灵活,只要车辆能到达的地方都能定位。由于这种定位方法的误差随时间推移而发散,所以只能在短时间内获得较高的精度,不宜长时间单独使用。DR 是利用车辆某一时刻的位置,根据航向和速度信息,推算得到当前时刻的位置,即根据实测的汽车行驶距离和航向计算其位置和行驶轨迹.它一般不受外界环境影响,单独工作时不能长时间保持高精度。为了弥补 DR 系统的短板,可以将 GPS 与 DR 进行组合使用。

GPS/DR 组合定位系统主要由 GPS 传感器、电子罗盘、里程计组成,其系统组成图如图 6-1 所示。GPS 负责检测智能网联汽车所在位置的绝对经度、纬度以及海拔,电子罗盘作为航向传感器感测智能网联汽车的航向,里程计可作为速度传感器测定汽车单位时间内行驶的历程。导航计算单元负责采集各传感器的数据并进行航迹推算、GPS 坐标变化以及

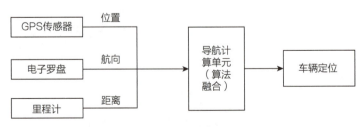

图 6-1 GPS/DR 组合定位系统组成图

数据处理，并且通过数据融合算法估算出智能网联汽车的动态位置。

2. GPS/DR 组合定位技术的融合算法

要实现 GPS/DR 组合定位的关键在于如何将两者的数据融合以达到最优的定位效果。目前，关于 GPS/DR 组合的数据融合方法很多，最常见也是使用最广泛的就是卡尔曼滤波方法。将卡尔曼滤波应用于 GPS/DR 组合定位系统当中，就是将 GPS 和 DR 的定位信息综合用于定位求解。通过卡尔曼滤波来补偿修正 DR 系统的状态，同时滤波之后的输出又能够为 DR 系统提供较为准确的初始位置和航向角，从而能够获得比单独使用任意一种定位方法都更高的定位精度和稳定性。

二、同步定位与建图技术

1. 同步定位与建图技术概述

同步定位与建图（Simultaneous Localization And Mapping，SLAM）技术最早在机器人领域提出，它指的是：机器人从未知环境的未知地点出发，在运动过程中通过重复观测到的环境特征定位自身位置和姿态，再根据自身位置构建周围环境的增量式地图，从而达到同时定位与地图构建的目的。由于 SLAM 的重要学术价值和应用价值，一直以来都被认为是实现全自主移动机器人的关键技术。

在智能网联汽车中，SLAM 技术指的是智能网联汽车在位置环境中从未知位置出发，在运动过程中通过环境信息，进行车体位置以及航向的确定，同时创建环境地图并对地图进行实时更新，或在已知环境中通过环境信息对车体位置和航向进行确定。

自从 20 世纪 80 年代 SLAM 概念的提出到现在，SLAM 技术已经发展了 40 年。SLAM 系统使用的传感器在不断拓展，从早期的声呐，到后来的 2D/3D 激光雷达，再到单目、双目、RGBD[一]、ToF[二] 等各种相机，以及与惯性测量单元（IMU）等传感器的融合；SLAM 的算法也从开始的基于滤波器的方法（如 EKF、PF 等）[三] 向基于优化的方法转变，技术框架也从开始的单一线程向多线程演进。当前主要应用的 SLAM 技术主要有激光雷达 SLAM 技术和视觉 SLAM 技术。

（1）激光雷达 SLAM 技术

激光雷达 SLAM（Lidar SLAM）技术采用 2D 或 3D 激光雷达，激光雷达的优点是测量精确，能够比较精准地提供角度和距离信息，可以达到低于 1° 的精度以及厘米级别的测距精度，扫描范围广（通常能够覆盖平面内 270° 以上的范围），而且基于扫描振镜式的固态激光雷达可以达到较高的数据刷新率（20Hz 以上），基本满足了实时操作的需要；缺点是价格比较昂贵，安装部署对结构有要求。激光雷达 SLAM 建立的地图常常使用占据栅格地图（Ocupanccy Grid）表示，每个栅格以概率的形式表示被占据的概率，存储非常紧凑，特别适合进行路径规划。激光雷达 SLAM 示意图如图 6-2 所示。

[一] RGBD 指 RGB+Depth，输出彩色图 + 深度图。
[二] ToF 指 Time of Flight，飞行时间。
[三] EKF 指扩展卡尔曼滤波，PF 指粒子滤波。

图 6-2　激光雷达 SLAM 示意图

(2) 视觉 SLAM 技术

相比于激光雷达，作为视觉 SLAM 传感器的相机更加便宜、轻便，图像可提供更加丰富的信息，特征区分度更高，但是图像信息的实时处理需要较高的计算能力。视觉 SLAM 使用的传感器目前主要有单目相机、双目相机、RGBD 相机三种。其中，RGBD 相机的深度信息有通过结构光原理计算的，有通过投射红外并利用双目红外相机来计算的，也有通过 ToF 相机实现的。对用户来讲，这些类型的 RGBD 都可以输出 RGB 图像和 Depth 图像。

当前的视觉 SLAM 系统大致可以分为前端和后端。前端完成数据关联，相当于视觉里程计，其研究帧与帧之间的变换关系，主要完成实时的姿态跟踪，对输入的图像进行处理，计算姿态变化，同时也进行检测并闭环处理；当有惯性测量单元信息时，也可以参与融合计算。后端主要对前端的输出结果进行优化，利用滤波理论（如 EKF、PF 等）或者优化理论进行树或图的优化，得到最优的姿态估计和地图。视觉 SLAM 示意图如图 6-3 所示。

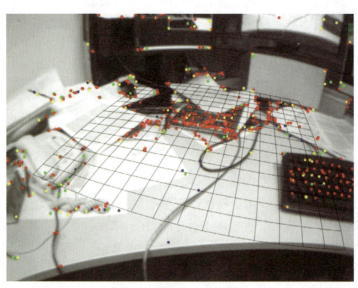

图 6-3　视觉 SLAM 示意图

2. 同步定位与建图技术的应用

本书主要介绍一种视觉 SLAM 技术——ORB-SLAM。ORB-SLAM 是西班牙 Zaragoza 大学的 Raúl Mur-Artal 编写的视觉 SLAM 算法，于 2017 年发表在 *IEEE Transactions on Robotics* 上。它是一个完整的 SLAM 系统，包括视觉里程计、跟踪、回环检测，是一种完全基于稀疏特征点的单目 SLAM 系统，同时还有单目、双目、RGBD 相机的接口。其核心是使用 ORB（Oriented FAST and Rotated BRIEF）作为整个视觉 SLAM 中的核心特征。ORB-SLAM 基于 PTAM 架构，增加了地图初始化和闭环检测的功能，优化了关键帧选取和地图构建的方法，在处理速度、追踪效果和地图精度上都取得了不错的效果。

（1）ORB-SLAM 的主要优势

1）ORB-SLAM 选用了 ORB 特征，基于 ORB 描述量的特征匹配和重定位，比 PTAM 具有更好的视角不变性。此外，新增三维点的特征匹配效率更高，因此能更及时地扩展场景。扩展场景及时与否决定了后续帧是否能稳定跟踪。

2）ORB-SLAM 加入了循环回路的检测与闭合机制，以消除误差累积。系统采用与重定位相同的方法来检测回路（匹配回路两侧关键帧上的公共点），通过方位图优化来闭合回路。

3）PTAM 需要用户指定两帧来初始化系统，两帧间既要有足够的公共点，又要有足够的平移量。平移运动可以为这些公共点提供视差，只有足够的视差才能三角化出精确的三维位置。ORB-SLAM 通过检测视差来自动选择初始化的两帧。

4）PTAM 扩展场景时也要求新加入的关键帧提供足够的视差，导致场景往往难以扩展。ORB-SLAM 采用一种更具鲁棒性的关键帧和三维点的选择机制——先用宽松的判断条件尽可能及时地加入新的关键帧和三维点，以保证后续帧的鲁棒跟踪；再用严格的判断条件删除冗余的关键帧和不稳定的三维点，以保证光束平差法（BA）的效率和精度。

ORB-SLAM 的系统架构如图 6-4 所示。

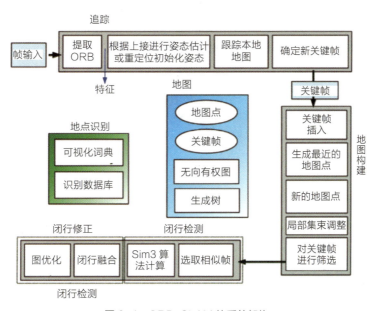

图 6-4　ORB-SLAM 的系统架构

（2）ORB-SLAM 的主要线程

1）跟踪（Tracking）。这一部分主要工作是从图像中提取 ORB 特征，根据上一帧进行姿态估计，或者通过全局重定位初始化姿态，然后跟踪已经重建的局部地图，利用邻近的地图点寻找更多的特征匹配，优化姿态，再根据一些规则确定新关键帧。

2）局部建图（Local Mapping）。这一部分主要完成局部地图构建，包括对关键帧的插入，验证最近生成的地图点并进行筛选，利用三角法生成新的地图点，进行局部集束调整（Local BA），最后再对插入的关键帧进行筛选，去除重复的关键帧。

3）回环检测（Loop Closing）。这一部分主要完成建图后的检验，包括选取相似帧，利用 Sim3 算法计算相似变换，融合三维点并更新各种图，最后进行图优化并更新地图的所有点。

使用 ORB-SLAM 技术进行定位及建图技术的实际结果如图 6-5 所示。

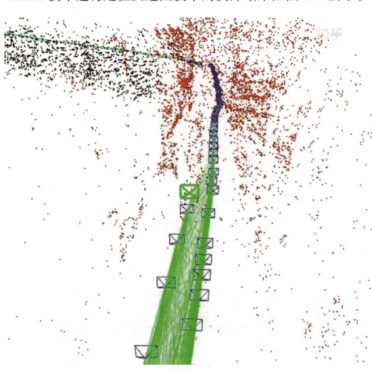

图 6-5　使用 ORB-SLAM 技术进行定位及建图技术的实际结果

前瞻技术篇

第七章　智能网联汽车路径规划技术

智能网联汽车的路径规划是指在一定环境模型基础上,通过给定智能网联汽车的起始点和目标点,按照性能指标规划出一条无碰撞、能安全到达目标点的有效路径。经过几十年的发展,路径规划技术发展较为成熟。本书主要介绍两种路径规划技术方法,分别为基于采样的路径规划算法和启发式搜索算法。

一、基于采样的路径规划算法

基于采样的路径规划算法在早期就已经开始用于车辆规划,主要使用两种算法,分别为概率路线图(Probabilistic Road Maps,PRM)和快速搜索随机树(Rapid-exploration Random Tree,RRT)算法。

1. 概率路线图

概率路线图(PRM)是基于可用空间和占用空间的给定地图内可能路径的网络图,它将规划分为两个阶段:学习阶段和查询阶段。在学习阶段,先通过采样和碰撞检测建立完整的无向图,以得到构型空间的完整连接属性;在查询阶段,利用搜索算法在路线图上寻找路径。其实现的步骤如下:

(1)初始化

设 $G(V,E)$ 为一个无向图,其中顶点集 V 代表无碰撞的构型,连线集 E 代表无碰撞路径,初始状态为空。

(2)构型采样

从构型空间中采样一个无碰撞的点 $\alpha(i)$ 并加入到顶点集 V 中。

(3)领域计算

定义距离 ρ。对于已经存在于顶点集 V 中的点,如果它与 $\alpha(i)$ 的距离小于 ρ,则将其称作点 $\alpha(i)$ 的邻域点。

(4)边线连接

将点 $\alpha(i)$ 与其领域点相连,生成连线 τ。

(5)碰撞检测

检测连线 τ 是否与障碍物发生碰撞,如果无碰撞,则将其加入到连线集 E 中。

(6)结束条件

当所有采样点(满足采样数量要求)均已完成上述步骤后结束。

(7)搜索

采用图搜索算法对无向图 G 进行搜索,如果能找到起始点 A 到终点 B 的路线,说明存在可行的运动规划方案。

使用概率路线图算法进行路径规划的结果如图 7-1 所示。

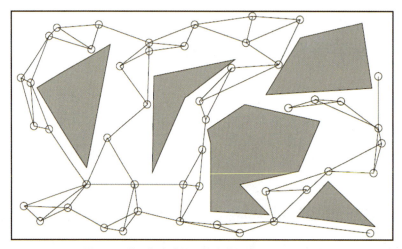

图 7-1 使用概率路线图算法进行路径规划的结果

2. 快速搜索随机树

快速搜索随机树(RRT)算法是一种多维空间中有效率的规划方法。它以一个初始点作为根节点,通过随机采样增加叶子节点的方式,生成一个随机扩展树。当随机树中的叶子节点包含了目标点或进入了目标区域,便可以在随机树中找到一条从初始点到目标点的路径。快速搜索随机树算法的过程示意图如图 7-2 所示。

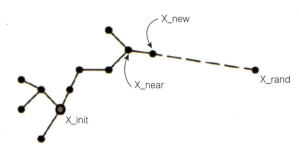

图 7-2 快速搜索随机树算法的过程示意图

其实现步骤如下:

(1)构建树

首先在环境中,设置一个起始点,定义为 X_init;随后在环境中随机选取一个点,得到点 X_rand。如果 X_rand 不在障碍物区域，则连接起 X_init 和 X_rand，得到一条连线 L。如果 L 整个不在障碍物里面，则沿着 L，从 X_init 向 X_rand 的方向移动一定的距离，得到一个新的点 X_new，则 X_init、X_new 和它们之间的线段构成了一颗最简单的树。

（2）扩展树

在构建树的基础上，继续重复在环境中选择点，得到无障碍物区域的点 X_rand；然后在已经存在的树上找一个离 X_rand 最近的点 X_near，连接两个点。如果这条线没有障碍物，则沿着这条线，从 X_near 到 X_rand 移动一定的距离，得到新的点 X_new，将该点添加到已经存在的树上。

（3）规划

重复上述过程，直到目标点（或其附近的点）被添加到树上，此时可以在树上找到一条从起点到目标点的路径。

使用快速搜索随机树算法的路径规划结果如图 7-3 所示。

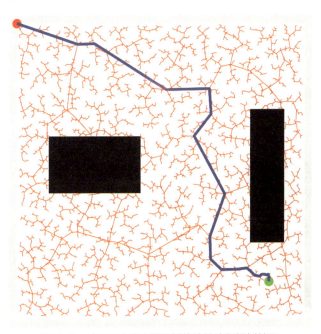

图 7-3　使用快速搜索随机树算法的路径规划结果

二、启发式搜索算法

启发式搜索算法是由 Dijkstra 算法改进而来的，该算法较为显著的特征就是在搜索过程中增加了启发函数。启发式搜索算法主要包括 A^*、ARA^* 等，是目前路径规划方面应用最广泛的算法，本书主要介绍 A^* 算法。

A^* 算法是一种静态路网中求解最短路径最有效的直接搜索方法，也是许多其他问题的常用启发式算法。其数学表达式为

$$f(s) = g(s) + h(s) \tag{7-1}$$

式中，$f(s)$ 是从初始状态经由状态 s 到目标状态的代价估计，是节点 s 的综合优先级，

当选择下一个要遍历的节点时，总会选取综合优先级最高（值最小）的节点；$g(s)$ 是在状态空间中从初始状态到状态 s 的实际代价；$h(s)$ 是从状态 s 到目标状态的最佳路径的估计代价，也是 A* 算法的启发函数。

A* 算法在运算过程中，每次从优先队列中选取 $f(s)$ 值最小（优先级最高）的节点作为下一个待遍历的节点。另外，A* 算法使用两个集合来表示待遍历的节点与已经遍历过的节点，分别为 open_set（保存已生成但未访问过的节点）与 close_set（保存已访问过的节点）两张表。其算法过程如下：

1）初始化 open_set 与 close_set。

2）将起点加入 open_set 中，并设置优先级为 0（优先级最高）。

3）如果 open_set 不为空，则从 open_set 中选取优先级最高的节点 n。

4）如果节点 n 为终点，则从终点开始逐步追踪 parent 节点，一直达到起点并返回找到的结果路径，搜索算法结束。

5）如果节点 n 不是终点，则将节点 n 从 open_set 中删除，并加入 close_set 中。遍历节点 n 所有的邻近节点。如果邻近节点 m 在 close_set 中，则跳过，选取下一个邻近节点；如果邻近节点 m 也不在 open_set 中，则设置节点 m 的 parent 为节点 n。计算节点 m 的优先级将节点 m 加入 open_set 中。

6）重复上述步骤，直到找到目标节点（规划出最优可行路径），或者 open 表为空（找不到可行路径）。

使用 A* 算法可以实现较好的路径规划效果，其实车测试图如图 7-4 所示。

图 7-4　使用 A* 算法进行路径规划的实车测试图

除了目前应用较为广泛的 A* 算法之外，启发式搜索算法还有 D* 算法、遗传算法、模拟退火算法、蚁群算法等。

前瞻技术篇

第八章　智能网联汽车 V2X 技术

随着近几年汽车技术的发展，全球车联网产业进入快速发展阶段，信息化、智能化引领，全球车联网服务需求逐渐加大。目前，中国、俄罗斯、西欧和北美等国家和地区 70% 以上的新组装车辆都已配备互联网接口。2017 年，全球联网车辆数量约为 9000 万辆，2020 年将增至 3 亿辆左右，到 2025 年则将突破 10 亿辆。从车载信息服务平台的应用规模来看，目前已形成数百家规模厂商，例如安吉星全球用户已突破 700 万人。2017 年，中国车联网用户规模达到 1780 万人，已成为全球最重要的车联网市场。未来，与大数据、云计算等技术创新的融合将加快车联网市场渗透。

车联网是以车内网、车际网和车载移动互联网为基础，按照约定的通信协议和数据交互标准，在车 –X（X：车、路、行人及互联网等）之间进行无线通信和信息交换的大系统网络，是能够实现智能化交通管理、智能动态信息服务和车辆智能化控制的一体化网络。当前 V2X 领域主要存在两大通信技术，一种是专用短程通信技术，另一种是 C–V2X 技术。车联网技术示意图如图 8-1 所示。

图 8-1　车联网技术示意图

一、车辆通信系统的组成

车辆通信系统一般由三部分组成：车载单元（On-Board Unit，OBU）、路侧单元（Road-Side Unit，RSU）以及专用数据链路。汽车通信主要包括 OBU 之间的通信（V2V）、OBU 与 RSU 之间的通信（V2R）、车载单元/路侧单元与基础设施之间的通信（V2I）以及车载单元/路侧单元与云端网络的通信（V2N）。

1. 车载单元

车载单元是汽车通信的车载终端，主要由通信处理器、射频收发器、GPS 接收器/处理器、车辆 CAN 总线、数据存储器、显示器等组成。其作用主要是接收、存储、定时更新汽车的相关行驶数据（车速、对方车速、相对车速、行驶方向、对方行驶方向、相对方向、车距、刹车信号等），向其他车辆或路侧单元发送汽车行驶数据，对行驶状况给出预警显示。大唐公司的车载单元如图 8-2 所示。

图 8-2　大唐公司的车载单元

2. 路侧单元

路侧单元一般是指安装在路口交通设施旁或道路旁边的汽车通信设备，主要由通信处理器、射频收发机、数据存储器、交换处理器、通信网关（如需接入其他制式的网络）等组成，一般支持较大容量的信息处理和交换，主要用于交通设施与汽车的通信、交换交通信息（包括交通信号、路况信息等）、提示告警等。LTE-V 的路侧站还可以通过有线或无线网络与其他站进行数据交换，以及通过光纤等接入交通管理中心或者内容服务提供者（TSP）服务中心。大唐公司的路侧单元如图 8-3 所示。

图 8-3　大唐公司的路侧单元

3. 专用数据链路

专用数据链路主要指采用 802.11P 或 LTE 制式的用于汽车通信的无线链路。目前主要有 5.9GHz 频段（5.85~5.925GHz，共 75MHz 频宽）。

二、专用短程通信技术

1. 专用短程通信技术概要

专用短程通信技术（Dedicated Short Range Communication，DSRC）是之前安全驾驶辅助技术的升级，主要提供更好的全方位的碰撞预警功能，消除了安全死角，可以为车辆提供 360° 的安全保障。

专用短程通信技术目前主要是使用 5.9GHz 频段（5.85~5.925GHz，共 75MHz 频宽）的类似 Wi-Fi Mesh 的基于 802.11p、IEEE1609、SAE J2735、SAE J2945 标准的 DSRC 汽车自组网专用短程通信技术（日本使用 760MHz 频率，通信距离在 180m 左右）。

专用短程通信技术让汽车可以周期性地双向发送、接收和交换、分享车辆的基本行驶信息，其中包括汽车当前的位置信息、汽车行驶方向、当前车辆行驶速度、行驶路径和车辆的其他信息，并检测行人以及其他汽车与当前车辆的距离和危险程度，在必要时（如两辆汽车运行的轨迹有发生碰撞的危险）向双方驾驶员发出警告，警告则会显示在车载显示屏上，并通过语音提示或振动车椅及转向盘来提醒驾驶员。

专用短程通信技术可以让驾驶员清楚地知道其车辆的周边行驶车辆（前后左右附近）的位置和速度，并且不用担心有障碍阻挡了视线。即便有障碍物挡住也能十分清楚周边的交通状况。例如，当车辆行进时，可以清楚地了解前方交通拥堵状况；在有障碍物挡住视线的路口，各个路口的车辆情况会显示在显示屏上；当在大车后跟行时，显示屏上也可以了解大车前面的道路交通情况；在急弯的山路上，前后方车辆的情况均能实时更新。

2. 专用短程通信技术的指标要求

专用短程通信主要采用的无线频率是 5.9GHz 频段（5.85~5.925GHz，共 75MHz 频宽）；其中，一般是 30M 频宽用于交通安全应用，40M 频宽用于交通效率管理等非安全类应用。专用短程通信的车载单元单节点覆盖范围最高为 300m（专用短程通信的传输距离需要大于高速路上的安全车距，一般为 100m）；路侧站的覆盖范围为 800~1200m。专用短程通信可支持车速高于 192km/h 的。

在响应速度方面，专用短程通信系统延迟时间要求小于 50ms，系统每秒发送 10 次信息，每次发送 11 个数据，包括汽车的 GPS 定位信息、加速度、制动状态、转向盘转角和当前车速等，通信速率一般为 2Mbit/s。专用短程通信系统属于网状网络技术，使用专用短程通信协议，可以支持 4~10 个节点的网状跳跃，大约可以收集 1.6km 范围内的车辆交通行驶状况。

3. 专用短程通信技术的优势

1）采用分布式控制方式。

2）支持高速车辆（可支持高于192km/h的车速，一般高速路的车速都在其支持范围内）下的动态快速自组网，自维护路由。

3）可以随时建立网络，能在没有其他通信设施的情况下使用。

4）无中心的点对点通信，不受固定拓扑结构的限制，不依赖于任何预设的网络基础设施，建网成本低。

5）DSRC通信距离短，发射的数据量较少，发射功率较低，功耗较低，能源消耗较低，工作时长较长。

6）设备小巧，更换维护方便。

7）可以成为汽车的内生系统，与车内总线和车内系统协同性好。

4. 专用短程通信技术的实际应用

在2014年1月在美国举行的国际消费电子展（CES）上，美国福特（Ford）、通用（GM）等汽车大厂纷纷展示出各自最先进的基于专用短程通信的V2V沟通技术。除了上述两家汽车厂商之外，本田（Honda）、现代（Hyundai）、梅赛德斯-奔驰（Mercedes-Benz）、日产（Nissan）、丰田（Toyota）等众多汽车厂商均支持专用短程通信技术。

凯迪拉克推出的CTS车型是首款搭载V2V技术的量产车型，通过车辆之间的信息共享，驾驶员可以预知更多道路信息和潜在风险。其系统示意图如图8-4所示。

图8-4 凯迪拉克CTS车联网系统示意图

凯迪拉克的V2V系统基于GPS和DSRC，每秒最多可以实现1000次信息交互（包括位置、速度、方向和交通状况等），有效距离达300m。在凯迪拉克CTS上，这些收集到的信息可以通过凯迪拉克用户体验（CUE）系统进行选择，驾驶员根据自己的喜好决定信息呈现在中控屏幕或是平视显示器（HUD）上。

例如，同样搭载V2V系统的前车车辆发生事故，其危险警告灯开始闪烁时，该信息可以通过V2V网络传递给后方车辆。凯迪拉克CTS的仪表上会出现碰撞标识，提醒驾驶员前方发生碰撞，谨慎驾驶。凯迪拉克CTS V2V系统前方碰撞仪表提示图如图8-5所示。

此外，凯迪拉克的V2V技术还可以和主动安全与辅助驾驶技术结合，包括自适应定速巡航、主动前后制动、前方碰撞缓解、道路偏离预警以及后方交通报警系统等。

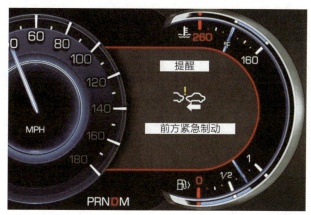

图 8-5　凯迪拉克 CTS V2V 系统前方碰撞仪表提示图

三、C-V2X 技术

C-V2X 是由第三代合作伙伴计划（3rd Generation Partnership Project，3GPP）定义的基于蜂窝通信的 V2X 技术，它包含基于 LTE 以及 5G 的 V2X 系统，是 DSRC 技术的有力补充。它借助已存在的 LTE 网络设施来实现 V2V、V2N、V2I 的信息交互。这项技术最吸引人的地方是它能紧跟变革，适应于更复杂的安全应用场景，满足低延迟、高可靠性和带宽要求。

2015 年初，3GPP 正式启动基于 C-V2X 的技术需求和标准化研究，开展了 C-V2X 需求研究，于 2016 年 3 月完成结项；2016 年初，3GPP 架构工作组启动 C-V2X 架构研究，于 2016 年底完成标准化。在 C-V2X 研究方面，3GPP 无线技术工作组于 2015 年 7 月启动 SI 立项，于 2016 年 6 月完成结项；2015 年 12 月，针对车车直连 V2X 标准项目"基于 LTE PC5 接口的 V2V"启动立项，并于 2016 年 9 月完成标准化；2016 年 6 月，针对车路／车人等 V2X 标准项目"基于 LTE 的 V2X 业务"启动立项，于 2017 年 3 月顺利完成项目研究。2016 年 9 月，在 LTE 标准化机构 3GPP 第 73 次会议上，C-V2X 的 V2V 标准在 Release14 中正式冻结，这标志着 3GPP 完成了 LTE -V 第一阶段的标准，即基于终端直通（D2D）模式的车车通信（V2V）标准化，通过深入研究引入了更优化的物理层解调参考信号、资源调度、干扰协调等技术。2019 年 1 月，福特（Ford）公司宣布放弃 IEEE 802.11p，选择 C-V2X（LTE-V2X）。2019 年 7 月，欧盟拒绝采用 Wi-Fi 技术的 802.11p 作为唯一标准，选择 5G 作为车联网技术标准。2019 年 12 月，美国联邦通信委员会（FCC）发布消息，为 C-V2X 分配 20MHz 频谱资源，与中国相同。2020 年 11 月，FCC 对外发布消息，将重新规划 5.9G 频段，将 5.895~5.925GHz 的 30MHz 用作汽车安全应用，并指定使用 C-V2X 技术。

3GPP 提出的 C-V2X 技术标准在快速走向产业化，中国企业在 3GPP 中主导了部分 C-V2X 标准的制定及后续演进技术的研究。大唐基于自主研发的芯片级解决方案，于 2016 年 11 月发布了 C-V2X 车载终端和路侧通信测试设备，2017 年底发布了基于 3GPP R14C-V2X 的预商用通信模组，商用芯片研发计划已纳入日程；华为在 2016 年推出了支持 C-V2X 的车载终端原型机，在 2019 年的世界移动大会上，华为端到端 C-V2X 车路协同商用解决方案荣获 2019 年最佳汽车移动创新奖（Best Mobile Technology for Automobile）大奖。C-V2X 技术示意图如图 8-6 所示。

图 8-6　C-V2X 技术示意图

1. LTE-V 技术

（1）LTE-V 技术概要

LTE-V 是基于 LTE 为车车通信、车路通信、车辆与城市基础设施通信专门开发的通信技术，是用于汽车通信的专用 LTE 技术；主要是指使用 5.9GHz 频段的基于 LTE 技术的用于汽车通信的 LTE Direct 直连技术（蜂窝网络辅助的 LTE Direct D2D 技术）。LTE-V 技术主要采用半分布式 - 半集中式控制方式，通过蜂窝网络来辅助完成车载设备的发现，提供设备认证（快速发现周围具备相同功能的设备或用户）、连接建立和网络拥塞控制（管理设备通信干扰）；提供基于车辆优先级、绝对速度与相对速度，动态调整对控制信道的资源占用；通过调节单点的带宽，调节车车通信的资源配置，提高通信信道利用率和频谱效率以及网络服务质量（QoS）保障，提高车车通信的容量；提供动态预留控制信道资源，为紧急消息的快速有效分发提供支持；当紧急事件发生时，借助增强型多媒体广播业务机制（eMBMS）分发安全信息，以降低车辆节点发送频率，避免拥塞。

（2）LTE-V 技术的特点

1）采用半分布式 - 半集中式控制方式，网络性能良好。

2）高速移动下的切换性能，高速移动下的高可靠、低时延，安全可信的信息传输。

3）支持可扩展的系统架构。

4）基于商用成熟 LTE 技术的信道资源配置管理优势。

5）基于商用成熟 LTE 技术的网络拥塞控制和抗干扰能力优势。

6）大容量支持，商用成熟的大容量使用 QoS 保障和稳定性。

7）更好的通信信道利用率和频谱效率。

8）高带宽，可以支持更多的业务、应用和用户数。

9）可以灵活使用的接入技术，LTE-V 技术可以与 DSRC 技术集成起来使用。

10)基于现在蜂窝技术的扩展,与现有通信技术兼容性好。

11)LTE-V 技术相对更适合在车多的场合发挥作用。例如在交通路口(高密集的场景,同区域有大量的车辆时),用于汽车和基础设施之间的通信(V2I),交换车辆的基本行驶信息,防止和避免驾驶员闯红灯等交通违规情况并提醒交通路况。

(3)LTE-V 技术的结构构成

LTE-V 主要由车载终端、路侧模块和数据平台组成。

1)车载终端。车载终端主要包括通信芯片、通信模组、终端设备、V2X 协议栈及 V2X 应用软件。通信芯片是支持车辆进行数据通信的芯片,例如华为的 Balong765、高通的 9150 LTE-V2X 芯片组;通信模组提供将通信芯片及外围器件集成的通信模组,例如华为的 ME959、大唐公司自研的 DMD31、高新兴 GM556A 等;终端设备将安装在车辆中的通信模组以及其他电路进行集成,目前可提供终端设备的厂商较多,国内包括大唐、华为、德赛、中兴、万集科技等,国外包括大陆、博世、德尔福等企业;V2X 协议栈提供实现终端设备之间互联互通的 V2X 协议软件,使得不同厂商之间在通信上实现可靠的互联互通,目前可提供该服务的企业有东软、星云互联等;V2X 应用软件提供 V2X 应用软件开发和测试服务,协议栈或者终端提供商可以对 V2X 应用场景进行程序开发,涵盖安全类、效率类和信息类的应用。

2)路侧模块。路侧模块主要包括 V2X 系统所定义的路侧单元(RSU)、感知单元和计算决策单元。路侧单元(RSU)是集成 C-V2X 功能的路侧网联设施,用以实现路与车、路与人、路与云平台之间的全方位连接。目前中国的路侧单元供应商主要来自于自主企业,包括大唐、华为、东软、星云互联等;路侧感知单元可由一系列路侧感知设备与处理设备构成,实现对本地交通环境和状态的实时感知,包括信号灯信息、交通参与者信息、交通事件信息、定位信息等;路侧计算决策单元在设备端有多种实现方式,可以融合到路侧单元内,可以是本地的移动边缘计算单元,也可以是区域的计算中心,负责对本地或区域的数据进行处理、存储以及应用、服务的计算与发布。路侧电子交管设施主要包含交通信号控制、交通视频监视、交通流信息采集、交通违法监测记录、交通信息发布等类别。

3)数据平台。数据平台可以汇聚多源数据,将 V2I/V2V/V2P 等各类应用数据进行深入分析、挖掘,提取关键信息,做出决策,并将决策指令及时推送到车载单元和路侧单元,为 C-V2X 系统高效运行提供必要支撑。此外,C-V2X 数据平台能够实现对接入网络的所有路侧设施、感知设备和智能网联汽车的监管,从全局角度掌握整体车、路运行态势,及时发现异常行为并可提前预警。

目前,LTE-V 数据平台可以分为:

①交通行业数据平台:主要围绕交通监测与信息服务,致力于交通管理、道路运输和应用服务,例如青岛市智能交通大数据共享服务平台。

②整车制造企业数据平台:整车企业联合系统平台开发商结合 V2X 技术共同建设大数据分析平台,充分利用更多的车联网数据进行分析、决策,提供智能辅助驾驶服务,并为其他系统提供获取模型分析结果数据接口,满足了车联网数据使用者的各需求方,将车联网数据价值达到最大化,例如位于贵州的现代汽车集团(中国)大数据中心。

③网络运营商数据平台：网络运营商与通信设备商、汽车厂商深度合作，致力于推动远程驾驶、智能调度等云端协同的场景应用。

④高新科技企业数据平台：例如百度、华为、阿里巴巴、滴滴等高新科技企业同国内外的车企、运营商等相关合作伙伴一起致力于基础数据平台的研究和探索。

总体来说，当前车联网数据平台的搭建依托于智能交通及智能网联测试示范区、行业部门、企业建设，为车路协同系统提供服务，实现设施设备的全局管控和运行态势监测，共同实现 LTE-V2X 功能。

（4）LTE-V 技术的应用

当前尚未有可量产的车辆搭载 LTE-V 技术，本书介绍中国大唐高鸿数据网络技术股份有限公司的 LTE-V 解决方案。

大唐高鸿公司从 2012 年起就开始研发具有自主知识产权的 LTE-V 技术产品，涵盖车载终端（OBU）、路侧终端（RSU）、C-V2X 云控平台、CA 安全认证解决方案等。其系统解决方案架构如图 8-7 所示。

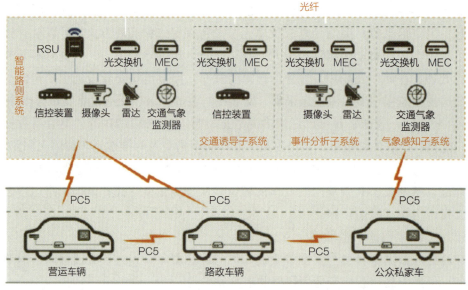

图 8-7 大唐高鸿公司 LTE-V 系统解决方案架构

车路协同云控子系统对 V2X 设备采集的信息进行交通大数据汇总，支撑丰富的大数据应用，同时实现对 V2X 设备的集中管控，进而实现对整个道路的实时动态管控。路段级车路协同管理系统对特定区域的信息进行汇聚，从而实现路段级的信息分发、交通诱导。

RSU 是路侧基础设施的数据汇聚中心，可以实现路侧多源感知融合和道路状态的数字化；此外，RSU 还是道路管控信息的广播节点，可以实现道路资源的动态管控。OBU 是测试车辆的中央通信单元，通过 CAN 总线获取车辆基本状态，通过 PC5 通信实现车路协同。

2. 5G-V2X 技术

（1）5G-V2X 技术概要

5G 是第五代移动通信技术的简称，是最新一代蜂窝移动通信技术。5G 网络的主要优势在于，数据传输速率远远高于以前的蜂窝网络，最高可达 10Gbit/s，比当前的有线互联网要快，比先前的 4G LTE 蜂窝网络快 100 倍。另一个优点是 5G 具有较低的网络延迟（更快的响应时间），低于 1ms，而 4G 为 30~70ms。由于数据传输更快，5G 网络将不仅仅为手机提供服务，而且还将成为一般性的家庭和办公网络提供商。

相对于目前的车联网通信技术，5G 系统的关键能力指标都有极大提升。5G 网络传输时延可达毫秒级的特点能够满足车联网对延迟的严苛要求，保证车辆在高速行驶中的安全；5G 的高峰值数据传输速率和高连接数密度（最高 100 万个 /km^2），可满足未来车联网环境中车辆与人、车辆与交通基础设施之间的通信需求。

（2）5G-V2X 技术特点

1）低时延与高可靠性。5G 超高密集度组网、低的设备能量消耗大幅减小了信令开销，解决了带宽和时延相关问题，且 5G 的时延达到了毫秒级，满足了低延时和高可靠性需求，成为车联网发展的最大突破口。

2）频谱和能源高效利用。频谱和能源的高效利用是 5G 用户体验的一个重要特征，5G 通信技术在车联网的应用将解决当前车联网资源受限等问题。频谱和能源高效利用主要包含以下几个特点：

① D2D 通信方式通过复用蜂窝资源实现终端直接通信。5G 车载单元将基于 D2D 技术实现与邻近的车载单元、5G 基站、5G 移动终端的车联网自组网通信和多渠道互联网接入。通过这种方式提高车联网通信的频谱利用率，与基于 IEEE 802.11p 标准的车联网 V2X 通信方式相比，减少了成本的支出，节约了能源。

② 全双工通信。5G 移动终端设备使用全双工通信方式，允许不同的终端之间、终端与 5G 基站之间在相同频段的信道可同时发送并接收信息，使空口频谱效率提高一倍，从而提高了频谱使用效率。

③ 认知无线电。认知无线电技术是 5G 通信网络重要的技术之一。在车联网应用场景中，车载终端通过对无线通信环境的感知，获得当前频谱空洞信息，快速接入空闲频谱，与其他终端高效通信。这种动态频谱接入的应用满足了更多车载用户的频谱需求，提高了频谱资源的利用率。其次，车载终端利用认知无线电技术可以与其他授权用户共享频谱资源，从而解决无线频谱资源短缺的问题。

除了上述特点外，最近的相关研究表明，在不影响通信性能的情况下，5G 基站的大规模天线阵列的部署有潜在的节约能源作用。其次，在车辆自组网中，5G 车载单元及时发现邻近的终端设备，且与之通信的能力也会减少 OBU 间通信的能源消耗。

3）更加优越的通信质量。5G 通信网络被期望拥有更高的网络容量并且可为每个用户提供每秒千兆级的数据速率，以满足 QoS 的要求。5G 车联网 V2V 通信的最大距离大约为 1000m，从而可以解决 IEEE 802.11p 车辆自组网通信中短暂、不连续的连接问题，尤其是在通信过程中遇到大型物体遮挡的非视距（NLOS）环境下。5G 车联网为 V2X 通信提供高速的下行和上行链路数据速率（最大传输速率为 1Gbit/s），从而使车与车、车与移动终端之间实现高质量的通信。与 IEEE 802.11p 标准通信相比，5G 车联网支持速度更快的车辆通信，其中，支持车辆最大的行驶速度约为 350km/h。

（3）5G-V2X 技术的应用

本书介绍的 5G-V2X 技术的应用方案是中国华为技术有限公司的 5G 车联网技术方案。2020 年，国家发展和改革委员会（以下简称国家发改委）等部委联合印发的《智能汽车创新发展战略》指出，通过 5G 与车联网协同建设，推动道路基础设施、智能汽车、运营服务、交通管理指挥等信息互联互通。华为依托云、边、端整体技术优势，联合生态合作伙伴提供 5G 车联网解决方案，切实推动智能汽车产业持续健康发展。华为 5G 车联网架构示意图如图 8-8 所示。

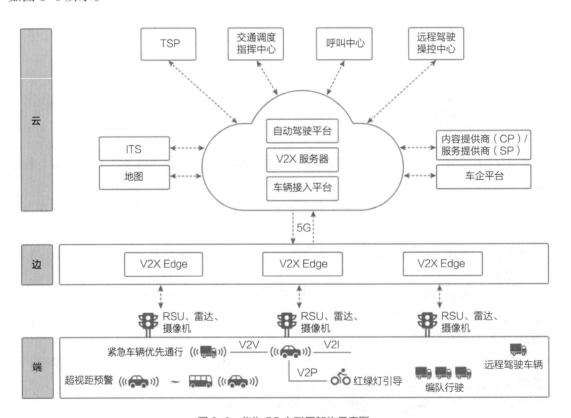

图 8-8　华为 5G 车联网架构示意图

华为 5G 车联网架构的端平台通过车辆与各种交通因素进行数据通信实现信息交互，可实现多种功能，例如紧急车辆优先通行、超视距预警、红绿灯引导、编队形式、远程驾驶车辆等功能。边端使用华为的边缘计算平台，端平台将数据通过 RSU、雷达、摄像机传输给边缘计算平台进行计算。云端使用华为的云平台进行数据交互及处理，云平台可通过 5G 技术接收来自边缘计算平台的数据，并将数据传输至自动驾驶平台、车联网云端服务器和车辆接入平台,通过云端与地图数据、ITS、TSP、交通调度指挥中心、呼叫中心、远程驾驶操控中心、CP/SP 和车企平台进行数据交互。

基于当前华为的 5G 车联网技术,可实现如下功能:

1)车路协同。智能网联汽车在道路上,需要实时获取周边交通流信息,实时决策和规划行驶路径。更低时延和更高可靠网络通信是安全行驶的保障,通过 5G 的大带宽、超高可靠低时延特性,结合边云协同技术可以满足联网车辆在高速传输、高可靠性、低延时方面的严格要求。车路协同的两个典型应用为路口碰撞预警和紧急制动预警,如图 8-9 所示。

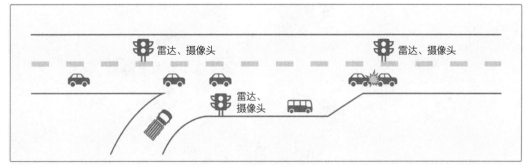

a)路口碰撞预警

b)紧急制动预警

图 8-9 车路协同功能的示意图

路侧单元通过 5G 实时接收智能网联汽车信息和从云端接收数据,并实时向路口附近车辆广播交通状况,提醒其调整驾驶行为,避免事故发生。当车辆在以一定距离跟随前方车辆行驶过程中,前方车辆进行紧急制动,并将这一信息通过 5G 通信方式广播出来,跟随车辆便可基于此进行危险情况判断并对驾驶员进行预警。

2)编队行驶。通过 5G 和边云协同技术,实现车辆编队行驶,低时延网络通信使车辆之间靠得更近,减低后车风阻,从而节省燃油,提高货物运输效率。例如在高速公路中,多辆货车进行编队行驶,实时编组实现无人驾驶,调度中心云平台优先制定车辆路径和车速优化策略,并实时通知车辆,以提高货物的运输效率。当车辆进入隧道后,云平台负责接管车辆,将同一车道内的前后车辆编队,使其保持一定车速与车距,顺序行驶。其功能示意图如图 8-10 所示。

3)远程驾驶。远程驾驶可广泛应用于矿山、油田等危险作业区域和高级礼宾车队服务等，驾驶员在远程控制中心实时掌握车辆、路况、周边交通环境等信息，下达驾驶指令控制车辆行驶动作，达到驾驶员如同坐在车中驾驶的效果。通过远程路况视频高清无线回传，实现远程监控和录像；将车辆行驶数据实时上传和显示，驾驶员可以实时掌握车速、位置、油耗等信息；驾驶控制指令下达，根据视频和车辆状态信息，下达驾驶策略。其功能示意图如图 8-11 所示。

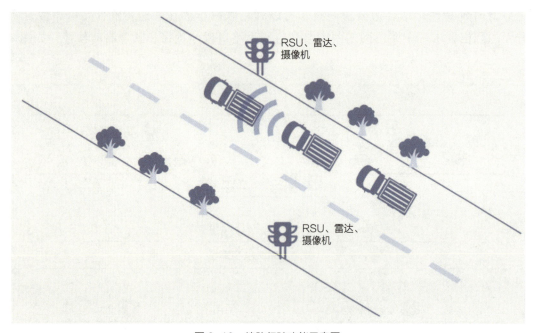

图 8-10　编队行驶功能示意图

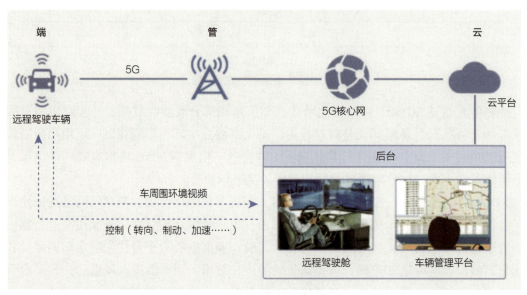

图 8-11　远程驾驶功能示意图

4）低速无人驾驶。当前及未来 2~3 年，大部分无人驾驶的应用均限于低速与限定场景，在物流、共享出行、公共交通、环卫、港口码头、矿山开采、零售等领域展开应用。华为云提供云、人工智能（AI）、5G 组合方案，提供算法开发与模型训练服务，加速开发效率和商用节奏。低速无人驾驶功能的应用主要包括园区摆渡车、港口货运、市政环卫、最后一公里物流等应用，如图 8-12 所示。

a）园区摆渡车

b）港口货运

c）市政环卫

d）最后一公里物流

图 8-12　低速无人驾驶功能的应用

①园区摆渡车：在园区封闭或半封闭环境中，基于自动驾驶技术提供接驳服务。

②港口货运：基于自动驾驶货车提供集装箱运输服务，主要应用环境在码头，运输任务主要是岸桥和集装箱堆场之间的运输。

③市政环卫：将自动驾驶技术与环卫车进行结合，用于无人化的市政道路清洁。

④最后一公里物流：面向快递、外卖、闪送等场景，将自动驾驶技术应用于快递车、配送机器人等，实现无人化的末端配送。

前瞻技术篇

第九章　智能网联汽车大数据和云平台技术

汽车已经产生100多年，在100多年中产生了四次主要的变革：第一次是机械变革，第二次是电子变革，第三次是软件变革，未来即将到来的就是云计算/大数据/无人驾驶时代。智能网联汽车普遍采用了网联协同控制的方案，对于每一辆汽车，背后都有一个数据中心来接收它的数据，在这个数据中心上，普遍采用了云计算的技术以及大数据分布式的平台。可以看出，大数据是汽车的一项重要技术。

大数据（big data），是指无法在一定时间范围内用常规软件工具进行捕捉、管理和处理的数据集合，是需要新处理模式才能具有更强的决策力、洞察发现力和流程优化能力的海量、高增长率和多样化的信息资产。大数据主要具有4个主要特征：

1）海量性。目前，大数据的规模尚是一个不断变化的指标，单一数据集的规模范围从数十TB到数PB不等。

2）高速性。高速性是指数据被创建和移动的速度。在高速网络时代，创建实时数据流成为流行趋势，主要是通过基于实现软件性能优化的高速电脑处理器和服务器。企业一般需了解如何快速创建数据，还需知道如何快速处理、分析并返回给用户来满足他们的需求。

3）多样性。大数据的数据种类较多，由于新型多结构数据，导致数据多样性的增加，对数据的处理能力提出了更高的要求。

4）易变性。大数据会呈现出多变的形式和类型，这是由于大数据具有多层结构，相比传统的业务数据，大数据有不规则和模糊不清的特性，导致很难甚至不能使用传统的应用软件来分析。随着时间的推演，传统业务数据已拥有标准的格式，能够被标准的商务智能软件识别。因此，从各种形式呈现的复杂数据中挖掘价值成为企业面临的挑战。

一、汽车大数据的关键技术

当前应用于汽车大数据技术的关键技术主要有三项：分别为大数据处理架构、数据挖掘技术和特征工程技术。

1. 大数据处理架构

大数据技术具有海量性、高速性、多样性和易变性,传统的计算机不论是算力还是存储能力早已无法满足当下大数据的处理需求,因此需要设计先进的处理架构对大数据进行处理。当前主要存在五种大数据处理架构,分别为仅批处理框架——Apache Hadoop、仅流处理框架——Apache Storm 和 Apache Samza、混合框架——Apache Spark 和 Apache FlinkHadoop。本书主要介绍当前应用最为广泛的 Apache Hadoop。

(1)Apache Hadoop 的简介

Apache Hadoop 是由 Apache 基金会所开发的分布式系统基础架构,用户可以在不了解分布式底层细节的情况下开发分布式程序,充分利用集群的威力进行高速运算和存储。Hadoop 实现了一个分布式文件系统(Hadoop Distributed File System),其中一个组件是 HDFS。HDFS 有高容错性的特点,并且设计用来部署在低廉的(low-cost)硬件上;而且它提供高吞吐量(high throughput)来访问应用程序的数据,适合那些有着超大数据集(large data set)的应用程序。HDFS 放宽了 POSIX 的要求,可以以流的形式访问(streaming access)文件系统中的数据。Hadoop=HDFS(文件系统,数据存储技术相关)+ Mapreduce(数据处理),其数据来源可以是任何形式,在处理半结构化和非结构化数据上与关系型数据库相比有更好的性能,具有更灵活的处理能力,MapReduce 则为海量的数据提供了计算。其系统图标如图 9-1 所示。

图 9-1 Apache Hadoop 系统图标

(2)Apache Hadoop 的优势

1)高可靠性。Hadoop 按位存储和处理数据的能力值得人们信赖。

2)高扩展性。Hadoop 是在可用的计算机集簇间分配数据并完成计算任务的,这些集簇可以方便地扩展到数以千计的节点中。

3)高效性。Hadoop 能够在节点之间动态地移动数据,并保证各个节点的动态平衡,因此处理速度非常快。

4)高容错性。Hadoop 能够自动保存数据的多个副本,并且能够自动将失败的任务重新分配。

5)低成本。与一体机、商用数据仓库以及 QlikView、Yonghong Z-Suite 等数据集市相比,Hadoop 是开源的,项目的软件成本因此会大大降低。

(3)Apache Hadoop 在汽车行业的应用

本书介绍的汽车行业使用的基于 Hadoop 架构的系统是东软集团推出的智能车辆大数据系统。东软智能车辆大数据平台结合公安网中大量的车辆信息、业务数据和图像数据,通过业务建模和数据分析,挖掘车辆和案发事件的隐藏关系,提供丰富实用的基于涉案事件的业务实战应用,满足公安机关办案过程中的过车记录查询和车辆研判工作需要。

1)系统构成。智能车辆大数据系统遵循平台化、组件化的设计原则,采用统一的安全认证体系、标准的数据规范进行搭建,系统由车辆信息采集系统、大数据基础平台和车辆大数据应用构成。其中,车辆信息采集系统提供定制化的数据对接服务。

①大数据基础平台。大数据基础平台既可以构建在物理服务器硬件基础上,也可以构建在虚拟化的云上。平台提供并行计算框架、分布式文件系统及分布式存储系统组件,对海量的内外部数据进行计算分析,根据大数据应用的业务需求形成多个专题库,为车辆大数据应用提供强大的分析能力与快速响应能力。

②车辆大数据应用。车辆大数据应用基于大数据基础平台框架,利用大数据基础平台提供的计算和存储资源,根据业务需求和业务建模,为用户提供常用的车辆研判、智能检索和缉查布控功能。

③数据对接服务。智能车辆大数据平台在业务上可能从多个数据源获取车辆信息,平台支持根据实际业务需要提供定制化的数据接入服务向平台中采集不同来源的数据,统一进行大数据分析。在定制化的数据对接中提供必要的数据治理服务,如数据抽取、清洗、校核、对比和数据质量管理,以保证不同来源、不同质量的数据通过治理后,达到智能车辆大数据平台要求的质量。

2)系统应用场景。智能车辆大数据平台主要应用于符合技术标准的车辆信息、过车记录和公安数据,典型场景如下:

①车辆布控。通过大数据平台,可通过各种技战法分析锁定嫌疑目标车辆,并且分析该车辆最近一段时间内经常出没的区域。其功能示意图如图9-2所示。

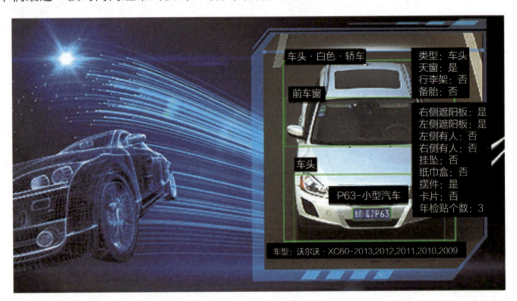

图9-2 车辆布控功能示意图

②以车找人。智能车辆大数据系统通过关联车辆登记数据、车辆违法数据、盗抢车辆数据等,支持用户对嫌疑目标车辆详细信息的查询,用户可以通过嫌疑目标车辆找到该车的车主、车主住址、车主联系方式等信息,为下一步的侦查指明方向。其功能示意图如图9-3所示。

图 9-3 以车找人功能示意图

2. 数据挖掘技术

（1）数据挖掘技术的概念

数据挖掘（Data Mining）是指从大量的数据中通过算法搜索隐藏于其中的信息的过程。数据挖掘通常与计算机科学有关，并通过统计、在线分析处理、情报检索、机器学习、专家系统（依靠经验法则）和模式识别等诸多方法来实现上述目标。

（2）数据挖掘技术的流程

数据挖掘的流程图如图 9-4 所示。

图 9-4 数据挖掘的流程图

主要分为如下几步：

1）确定业务对象。清晰地定义出业务问题，认清数据挖掘的目的。挖掘的最后结果是不可预测的，但要探索的问题应是有预见的，否则数据挖掘带有盲目性，是不会成功的。

2）数据准备：

①数据的选择。搜索所有与业务对象有关的内部和外部数据信息，并从中选择出适用于数据挖掘应用的数据。

②数据的预处理。保证数据的质量，为进一步的分析做准备，并确定将要进行的挖掘

操作的数据类型。

③数据的转换。将数据转换成一个分析模型,这个分析模型是根据挖掘算法建立的。

3)数据挖掘。对所得到的经过转换的数据进行挖掘,优化挖掘算法。

4)结果分析。解释并评估结果,通常会用到可视化技术。

5)知识的同化。将分析所得到的知识集成到业务信息系统的组织结构中去。

(3)数据挖掘技术的典型方法

1)分类。分类是找出数据库中一组数据对象的共同特点并按照分类模式将其划分为不同的类,其目的是通过分类模型,将数据库中的数据项映射到某个给定的类别。它可以应用到客户的分类、客户的属性和特征分析、客户满意度分析、客户的购买趋势预测等,如一个汽车零售商将客户按照对汽车的喜好划分成不同的类,这样营销人员就可以将新型汽车的广告手册直接邮寄到有这种喜好的客户手中,从而大大增加了商业机会。

2)回归分析。回归分析方法反映的是事务数据库中属性值在时间上的特征,产生一个将数据项映射到一个实值预测变量的函数,发现变量或属性间的依赖关系,其主要研究问题包括数据序列的趋势特征、数据序列的预测以及数据间的相关关系等。它可以应用到汽车市场营销的各个方面,如客户寻求、保持和预防客户流失活动、产品生命周期分析、销售趋势预测及有针对性的促销活动等。

3)聚类分析。聚类分析是把一组数据按照相似性和差异性分为几个类别,其目的是使得属于同一类别的数据间的相似性尽可能大,使不同类别中的数据间的相似性尽可能小。它可以应用到客户群体的分类、客户背景分析、客户购买趋势预测、市场的细分等。

4)关联。关联规则是描述数据库中数据项之间所存在的关系的规则,即根据一个事务中某些项的出现可导出另一些项在同一事务中也出现,即隐藏在数据间的关联或相互关系。在客户关系管理中,通过对企业的客户数据库里的大量数据进行挖掘,可以从大量的记录中发现有趣的关联关系,找出影响市场营销效果的关键因素,为产品定位、定价与定制客户群,客户寻求、细分与保持,市场营销与推销,营销风险评估和诈骗预测等决策支持提供参考依据。

5)变化和偏差分析。偏差包括很大一类潜在有趣的知识,如分类中的反常实例、模式的例外、观察结果对期望的偏差等,其目的是寻找观察结果与参照量之间有意义的差别。在企业危机管理及其预警中,管理者更感兴趣的是那些意外规则。意外规则的挖掘可以应用到各种异常信息的发现、分析、识别、评价和预警等方面。

6)Web挖掘。随着互联网(Internet)的迅速发展及万维网(Web)的全球普及,使得Web上的信息量无比丰富。通过对Web的挖掘,可以利用Web的海量数据进行分析,收集政治、经济、政策、科技、金融、各种市场、竞争对手、客户等有关的信息,集中精力分析和处理那些对企业有重大或潜在重大影响的外部环境信息和内部经营信息,并根据分析结果找出企业管理过程中出现的各种问题和可能引起危机的先兆,对这些信息进行分析和处理,以便识别、分析、评价和管理危机。

(4)数据挖掘技术在汽车中的应用

当前数据挖掘技术主要应用于汽车的销售及维护市场,具体表现为汽车客户关系管理

（Customer Relationship Management，CRM）系统。通过数据挖掘技术，CRM 系统可以从普遍的海量市场、客户与销售数据中，找到各种数据之间的关联性，从而挖掘出隐藏的信息，帮助企业找到客户拓展、维护和销售规律。汽车销售 CRM 数据挖掘不是简单的对数据进行存储与查询，而是对汽车市场与销售的各种数据进行更深入的计算、分析、推理，发现数据之间的关系，从而完成从大量业务数据到决策信息的转换。汽车 CRM 系统的应用示意图如图 9-5 所示。

图 9-5　汽车 CRM 系统的应用示意图

汽车销售 CRM 系统数据挖掘的典型应用主要包括以下几方面：

1）客户信息获取。传统的汽车销售中经常采用媒体广告、散发传单等方式吸引新客户。但是，这种方式涉及面过广、企业投入大、受众群体分散、目的不明确，汽车销售的信息发布不能做到有的放矢，必然会影响信息发布的效果。汽车销售 CRM 数据挖掘技术通过数据分析，可以对潜在客户反应模式进行有效分类，建立起数据挖掘模型。汽车企业因此能够了解真正的潜在客户的特征，从而在以后的市场活动中，不再光凭经验猜想，而是参考数据分析的结果，指导合理的客户获取方式、途径，做到有的放矢。

2）客户类型细分。汽车消费者，即汽车购买客户覆盖范围广，不同客户的消费能力、习惯等存在很大的差异性。汽车销售中的一个重要环节就是把大的消费群体划分为许多不同特征的小的消费群体，比如汽车销售 CRM 系统将数据库中的数据按照年龄段的不同来组织存放，这样一个简单的动作就是一次细分过程。对于汽车消费客户来讲，客户的差异性必然存在。汽车销售 CRM 系统对客户进行细分，主要是采用数据挖掘技术中的分类、聚类等技术，在汽车销售 CRM 系统存储汽车销售相关信息的数据库中，按照客户的职业特点、地域理范围、年龄大小、个人兴趣爱好等属性进行整理分类，从而对客户群体进行分析，再根据所细分出来的不同客户分类与汽车消费对应特性的关联关系。

3）客户购买倾向分析。汽车销售 CRM 数据挖掘技术能帮助企业区分利润回报不同的客户，从而可以将资源更多地分配在高利润回报的客户身上，以产生更大的利润，同时减少低或负利润回报客户的投入。利用数据挖掘工具可以从交易记录中挖掘出相应的知识。

4）潜在客户关联拓展。随着汽车行业竞争越来越激烈，对于像汽车这类大件消费品来讲，客户群体往往表现为关联度大，应充分挖掘"老客户带新客户"的模式，在稳定老客户的前提下，拓展新客户成为汽车销售 CRM 系统的一个重要课题。在实际应用中，汽车销售 CRM 系统利用数据挖掘工具分析客户的关联属性，企业就能稳定保留老客户，从而达到保持客户、进一步拓展新客户的目的。

3. 特征工程技术

（1）特征工程的概念

特征工程是将原始数据转化为特征，更好地表示预测模型处理的实际问题，提升对于未知数据的准确性。它是用目标问题所在的特定领域知识或者自动化的方法来生成、提取、删减或者组合变化得到特征。

（2）特征工程常用的方法

1）时间戳处理。时间戳通常需要分离成多个维度，比如年、月、日、小时、分钟、秒。但在很多应用中，大量的信息是不需要的，因此在呈现时间的时候，需要保证所有数据是模型所需要的。

2）分解类别属性。在特征工程中，某些数据不是数值型数据而是类别型数据，可以使用二元属性转化、独热编码、标量转化等方式对数据进行处理。

3）分箱/分区。有时候，将数值型属性转换成类别呈现更有意义，同时能使算法减少噪声的干扰，通过将一定范围内的数值划分成确定的块。

4）交叉特征。交叉特征是特征工程中非常重要的方法之一，是一种很独特的方式，它将两个或更多的类别属性组合成一个。当组合的特征要比单个特征更好时，这是一项非常有用的技术。从数学上来说，它是对类别特征的所有可能值进行交叉相乘。

5）特征选择。为了得到更好的模型，使用某些算法自动选出原始特征的子集。这个过程不会构建或修改拥有的特征，但是会通过修剪特征来达到减少噪声和冗余。特征选择算法可能会用到评分方法来排名和选择特征，比如相关性或其他确定特征重要性的方法，更进一步的方法可能需要通过试错来搜索出特征子集。此外，还可以利用构建辅助模型的方法，逐步回归就是模型构造过程中自动执行特征选择算法的一个实例，还有例如 Lasso 回归和岭回归等正则化方法也被归入到特征选择，通过加入额外的约束或者将惩罚项加到已有模型（损失函数）上，以防止过拟合并提高泛化能力。

6）特征缩放。某些特征比其他特征拥有高得多的跨度值，通过缩放可以避免某些特征比其他特征获得大小非常悬殊的权重值。

7）特征提取。特征提取涉及从原始属性中自动生成一些新的特征集的一系列算法，降维算法就属于这一类。特征提取是一个自动将观测值降维到一个足够建模的小数据集的过程。不同领域有各自不同的方法，对于列表数据，可使用的方法包括一些投影方法，像主成分分析和无监督聚类算法；对于图形数据，可能包括一些直线检测和边缘检测。特征提取的关键点在于这些方法是自动的，还能够解决不受控制的高维数据的问题。大部分情况下,是将这些不同类型的数据(如图、语言、视频等)存成数字格式来进行模拟观察。

二、云平台技术

1. 云技术概述

云技术(Cloud technology)是基于云计算商业模式应用的网络技术、信息技术、整合技术、管理平台技术、应用技术等的总称,可以组成资源池,按需所用,灵活便利。云计算技术是云技术的重要支撑。技术网络系统的后台服务需要大量的计算、存储资源,如视频网站、图片类网站和更多的门户网站。伴随着互联网行业的高度发展和应用,将来每个物品都有可能存在自己的识别标志,都需要传输到后台系统进行逻辑处理,不同程度级别的数据将会分开处理,各类行业数据皆需要强大的系统后盾支撑,只能通过云计算来实现。云平台的示意图如图9-6所示。

图9-6 云平台的示意图

2. 云平台计算的关键技术

(1)虚拟化技术

虚拟化技术是指计算元件在虚拟的基础上而不是真实的基础上运行,它可以扩大硬件的容量,简化软件的重新配置过程,减少软件虚拟机相关开销和支持更广泛的操作系统。通过虚拟化技术可实现软件应用与底层硬件相隔离,它包括将单个资源划分成多个虚拟资源的裂分模式,也包括将多个资源整合成一个虚拟资源的聚合模式。虚拟化技术根据对象可分成存储虚拟化、计算虚拟化、网络虚拟化等,计算虚拟化又分为系统级虚拟化、应用级虚拟化和桌面虚拟化等。在云平台计算实现中,计算系统虚拟化是一切建立在"云"上的服务与应用的基础。虚拟化技术主要应用在CPU、操作系统、服务器等多个方面,是提高服务效率的最佳解决方案。

(2)分布式海量数据存储

云平台计算系统由大量服务器组成,同时为大量用户服务,因此云平台计算系统采用分布式存储的方式存储数据,用冗余存储的方式(集群计算、数据冗余和分布式存储)保证数据的可靠性。冗余的方式通过任务分解和集群,用低配机器替代超级计算机的性能来保证低成本,这种方式保证分布式数据的高可用、高可靠和经济性,即为同一份数据存储多个副本。云计算系统中广泛使用的数据存储系统主要有Google的GFS和Hadoop团队开发的GFS的开源实现HDFS。

(3)海量数据管理技术

云平台计算需要对分布的、海量的数据进行处理、分析,因此,数据管理技术必须能够高效地管理大量的数据。云平台计算系统中的数据管理技术主要是Google的BigTable

数据管理技术和 Hadoop 团队开发的开源数据管理模块 HBase。由于云数据存储管理形式不同于传统的 RDBMS 数据管理方式,如何在规模巨大的分布式数据中找到特定的数据,也是云平台计算数据管理技术所必须解决的问题。同时,由于管理形式的不同造成传统的 SQL 数据库接口无法直接移植到云管理系统中来,多项研究都在关注为云数据管理提供 RDBMS 和 SQL 的接口,如基于 Hadoop 的子项目 HBase 和 Hive 等。

(4)编程方式

云平台计算提供了分布式的计算模式,客观上要求必须有分布式的编程模式。云平台计算采用了一种思想简洁的分布式并行编程模型 Map-Reduce。Map-Reduce 是一种编程模型和任务调度模型,主要用于数据集的并行运算和并行任务的调度处理。在该模式下,用户只需要自行编写 Map 函数和 Reduce 函数即可进行并行计算。其中,Map 函数定义各节点上的分块数据的处理方法,而 Reduce 函数定义中间结果的保存方法以及最终结果的归纳方法。

(5)云平台计算管理技术

云平台计算资源规模庞大,服务器数量众多并分布在不同的地点,同时运行着数百种应用。如何有效地管理这些服务器,保证整个系统提供不间断的服务是一项巨大的挑战。云平台计算系统的平台管理技术能够使大量的服务器协同工作,方便进行业务部署和开通,快速发现和恢复系统故障,通过自动化、智能化的手段实现大规模系统的可靠运营。

3. 云平台的应用

本书介绍的应用于汽车的云平台是阿里巴巴公司推出的智联车管理云平台,智联车管理云平台(IoV Command Center)是阿里云专门为智联车厂商推出的智联车一站式管理云平台。阿里巴巴智联车管理云平台如图 9-7 所示。

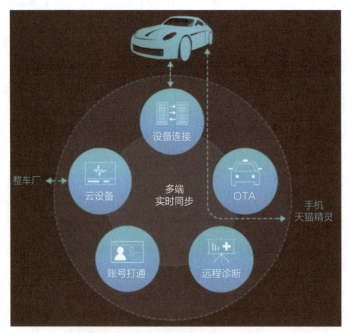

图 9-7 阿里巴巴智联车管理云平台

（1）智联车管理云平台面向智联车厂商提供的服务

1）虚拟车。提供面向智联车的车辆管理、车辆实时状态监控服务，方便厂商及时了解并掌控车辆基本状态。

2）无线升级。提供智联车车机系统升级能力、系统内应用的升级能力，以及车辆 ECU／MCU 的升级能力，方便厂商通过升级的形式，进行问题修复或实现车辆的后向运营，将更好、更新的服务输出给车辆使用者。

3）远程助手。提供远程诊断和协助服务，可以通过云端下发指令诊断设备问题，若发现重大问题，还可通过 OTA 无线升级来进行问题修复。

4）多端数据实时同步。提供多终端设备上数据的实时同步，在车辆使用场景中，可以实现车主对移动端与车机端数据实时互通的需求。

5）云函数。提供基于事件触发的云端函数计算服务，帮助客户实现数据变化后及时编程响应的能力。例如，共享出行厂商可根据车辆位置信息进行判断，当车辆开出运营围栏时，及时响应预警。

6）消息服务。提供消息长连接通道服务能力，实现消息的上行和下行，以及端侧与云端消息互通。另外，消息服务也是厂商推送（PUSH）能力的基础，方便后向 PUSH 运营、进行用户触达。

（2）智联车管理云平台的应用场景

智联车管理云平台可以应用于不同的智联车使用场景，例如私人用车、商用车队、共享出行。用户可根据自己的使用需求，选择单独任一模块或多模块组合进行使用，主要实战场景包括以下四种场景：

1）车辆管理。基于阿里云的智联车管理云平台可进行实时车辆云端管理及追踪。传统模式下，车辆运行状态无法管控和追踪，共享出行、无人物流等场景根本无法实现。而接入智联车管理云平台，智联车厂商可以掌握车辆实时状态、监控数据变化，从而实现预警、调度等功能；获取车辆当前位置，进行行程监控，设置预警电子围栏；获取当前车速、油耗参考、剩余电量等车辆全方面信息；车辆管理适用于共享出行、物流运输、公交、租赁公司、政企用车等多种场景，如图 9-8 所示。要实现用户手机对车机的控制，车辆数据同步是基础。

2）用户触达和后向运营。基于阿里云的智联车管理云平台可实现消息通道和无线升级，赋予厂商用户触达和后向运营的能力。传统大众印象中，用户购买汽车后，服务不再更新，车辆随着使用不断贬值。智联车模式下，厂商可以通过消息通知、系统升级的形式触达用户，将新服务不断推送给用户。对于厂商，通过后向运营产生另一种收益方式。对于用户，通过不断更新服务，以获得更好的使用体验。其场景示意图如图 9-9 所示。

3）远程修复和升级。基于阿里云的智联车管理云平台可实现远程诊断、BUG 修复和整车升级等功能，能够避免日益昂贵且极其不便的车辆召回事件。每年被召回的汽车中，将近 10% 的汽车是由于软件问题导致。如果汽车接入网络，可远程进行修复或通过下载升级包远程升级，就不需要到 4S 店或返厂进行更新。这样一来，不但降低了厂商维修成本，也方便了用户。其场景示意图如图 9-10 所示。

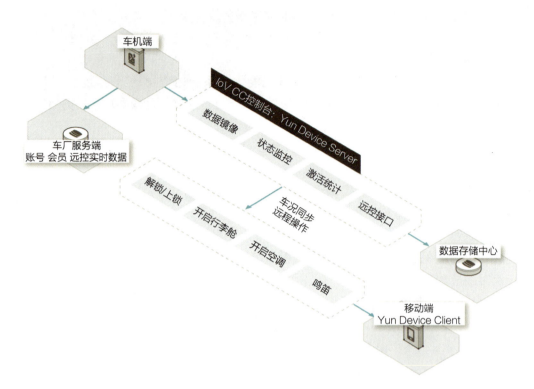

图 9-8 智联车管理云平台车辆管理场景示意图

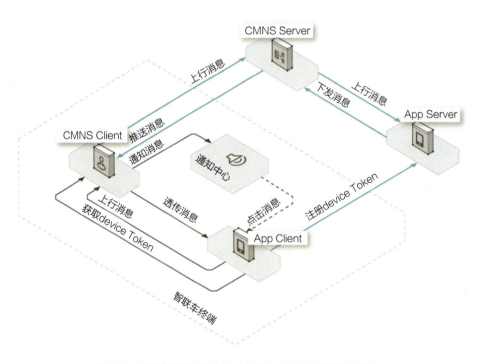

图 9-9 智联车管理云平台用户触达和后向运营场景示意图

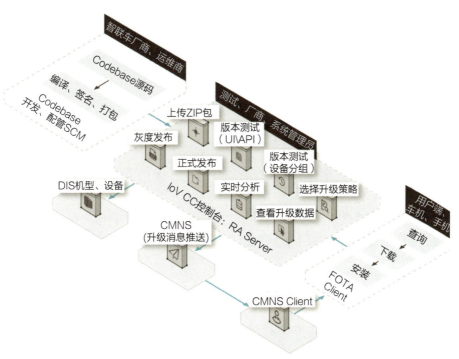

图 9-10　智联车管理云平台远程修复和升级场景示意图

4）数据互通与联动。基于阿里云的智联车管理云平台以用户为中心，可实现多终端数据互通。车主可通过手机控制自己的车辆、通过车机控制智能家居，让用户的驾驶体验更加舒适、生活更加智能。将车辆、智能家居与用户账号相绑定，建立人与设备的绑定关系，用户在手机上可查看车辆当前信息，并通过手机控制车门关闭、空调开启等。其场景示意图如图9-11所示。

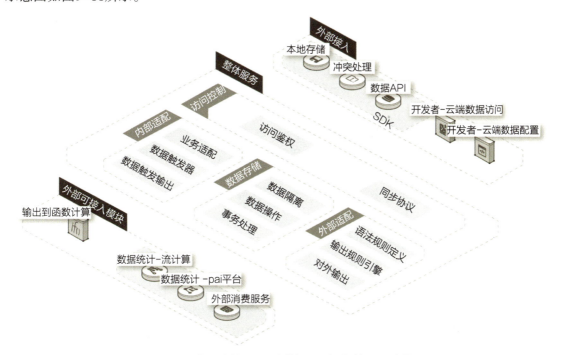

图 9-11　智联车管理云平台数据互通与联动场景示意图

参考文献

[1] 陈慧岩，熊光明，龚建伟.无人驾驶汽车概论［M］.北京：北京理工大学出版社，2014.

[2] 崔胜民.智能网联汽车新技术［M］.北京：化学工业出版社，2016.

[3] 何娜.工信部印发车联网（智能网联汽车）产业发展行动计划［J］.物联网技术，2019，9（1）:3, 5.

[4] 周济.智能制造——"中国制造2025"的主攻方向［J］.中国机械工程，2015（17）:2273-2284.

[5] 田野.工信部发布2020年智能网联汽车标准化工作要点［J］.智能网联汽车，2020（3）:6-7.

[6] 南金瑞，刘波澜.汽车单片机及车载总线技术［M］.北京：北京理工大学出版社，2005.

[7] 马忠义.无线通信中传输干扰源的防御措施［J］.信息通信，2013（2）:214.

[8] 李志鹏.车载MOST网络构建及开发技术研究［D］.哈尔滨：哈尔滨工业大学，2013.

[9] 阎一豪.基于FlexRay总线的车联网应用［D］.成都：电子科技大学，2019.

[10] 卫何.蓝牙技术发展及其在物联网中的应用展望［J］.应用能源技术，2016（4）:52-54.

[11] 于宏伟.掌上系统红外通信技术及其应用［D］.长春：吉林大学，2004.

[12] 路国明.5.8GHz射频识别电子标签射频技术研究［D］.哈尔滨：哈尔滨工业大学，2010.

[13] 吴风雨.NFC技术应用领域的发展［J］.电子技术与软件工程，2017（12）:33.

[14] 余玲飞，宋超，王晓敏，等.车载传感器网络的研究进展［J］.计算机科学，2011，38（1）:319-322.

[15] 韩宝石，王峥.车载毫米波雷达国内外发展现状综述［J］.数字通信世界，2019（9）:15-16.

[16] 高志伟.基于视觉的车辆防碰撞预警方法研究［D］.长沙：湖南大学，2019.

[17] 全国智能运输系统标准化技术委员会（SAC/TC 268），全国智能运输系统标准化技术委员会（SAC/TC 114）.智能运输系统 车辆前向碰撞预警系统 性能要求和测试规程：GB/T 33577—2017［S］.北京：中国标准出版社，2017.

[18] 全国智能运输系统标准化技术委员会.智能运输系统自适应巡航控制系统性能要求与检测方法：GB/T 20608—2006［S］.北京：中国标准出版社，2006.

［19］郑伟．汽车自适应巡航系统控制策略研究［D］．西安：长安大学，2019.

［20］全国智能运输系统标准化技术委员会（SAC/TC 268）．智能运输系统 车道偏离报警系统 性能要求与检测方法：GB/T 26773—2011［S］．北京：中国标准出版社，2011.

［21］郭洪强，陈慧，陈佳琛．基于EPS的车道保持辅助系统设计［J］．汽车技术，2018（8）:33-38.

［22］张晓鸣．汽车自适应前照灯系统的设计与实现［D］．哈尔滨：哈尔滨工程大学，2014.

［23］全国汽车标准化技术委员会（SAC/TC 114）．汽车用自适应前照明系统：GB/T 30036—2013［S］．北京：中国标准出版社，2013.

［24］毕清磊．自动泊车辅助系统的研究与开发［D］．重庆：重庆交通大学，2017.

［25］甄文媛．小鹏汽车的"真智能"实践［J］．汽车纵横，2019（1）:40-42.

［26］朱慧蕾．基于马尔科夫链蒙特卡罗方法的道路图像分割［D］．南京：南京理工大学，2013.

［27］张淑芳，张聪，张涛，等．通用型无参考图像质量评价算法综述［J］．计算机工程与应用，2015，51（19）:13-23，151.

［28］郭烈，黄晓慧，刘宝印，等．基于道路模型的弯道检测研究与应用［J］．交通信息与安全，2012，30（3）:141-146.

［29］李明，黄华，夏建刚．基于Hough变换的车道检测改进算法研究［J］．计算机工程与设计，2012，33（4）:1638-1642.

［30］罗杨．复杂环境下的车道线检测［D］．成都：电子科技大学，2020.

［31］杨小上．基于梯度方向特征的行人检测［D］．长春：东北师范大学，2012.

［32］公安部道路交通管理标准化技术委员会．道路交通信号灯：GB 14887—2011［S］．北京：中国标准出版社，2012.

［33］中华人民共和国公安部．道路交通信号灯设置与安装规范：GB 14886—2016［S］．北京：中国标准出版社，2017.

［34］付强．智能汽车交通灯识别方法研究［D］．哈尔滨：哈尔滨工业大学，2016.

［35］彭岳军．道路交通标志检测与识别技术研究［D］．广州：华南理工大学，2013.

［36］唐苗苗．车载组合导航系统自适应无迹卡尔曼滤波算法研究［D］．哈尔滨：哈尔滨工程大学，2013.

［37］MUR-ARTAL R，MONTIEL J M M，TARDOS J D. ORB-SLAM: A Versatile and Accurate Monocular SLAM System［J］. IEEE Transactions on Robotics，2017，31（5）:1147-1163.

［38］陈秋莲，蒋环宇，郑以君．机器人路径规划的快速扩展随机树算法综述［J］．计算机工程与应用，2019，55（16）:10-17.

［39］CHEN W，李源，刘玮．车联网产业进展及关键技术分析［J］．中兴通讯技术，2020，26（1）:5-11.

［40］李荣．大数据资料常见的Hadoop应用误解［J］．计算机与网络，2019，45（14）:38-39.

［41］黄振奎.一种基于 Hadoop 平台 Dump 模块的设计与实现［D］.北京：北京邮电大学，2012.

［42］田丰，朱红斌.浅谈虚拟化与虚拟化 IT 架构［J］.福建电脑，2011，27（1）：64-65.

［43］全国汽车标准化技术委员会（SAC/TC 114）.乘用车车道保持辅助（LKA）系统性能要求及试验方法：GB/T 39323—2020［S］.北京：中国标准出版社，2020.

［44］全国汽车标准化技术委员会（SAC/TC 114）.道路车辆 盲区监测（BSD）系统性能要求及试验方法：GB/T 39265—2020［S］.北京：中国标准出版社，2020.